解决女孩的成长烦恼 >>

一定要告诉女儿的那些事

田萍 / 著

天津出版传媒集团

天津科学技术出版社

图书在版编目（CIP）数据

一定要告诉女儿的那些事 / 田萍著 . -- 天津：天津科学技术出版社，2020.4（2021.1 重印）
ISBN 978-7-5576-7597-4

Ⅰ.①一… Ⅱ.①田… Ⅲ.①女性—家庭教育 Ⅳ.① G78

中国版本图书馆 CIP 数据核字（2020）第 054120 号

一定要告诉女儿的那些事
YIDING YAO GAOSU NUER DE NAXIE SHI

策 划 人：	杨　譞
责任编辑：	刘丽燕
责任印制：	兰　毅
出　　版：	天津出版传媒集团 天津科学技术出版社
地　　址：	天津市西康路 35 号
邮　　编：	300051
电　　话：	（022）23332490
网　　址：	www.tjkjcbs.com.cn
发　　行：	新华书店经销
印　　刷：	三河市新新艺印刷有限公司

开本 880×1 230　1/32　印张 8　字数 180 000
2021 年 1 月第 1 版第 3 次印刷
定价：38.00 元

前言
PREFACE

望女成凤是每位家长的心愿。身为女孩的父母，无不希望自己的女儿成长为一个集美丽优雅、博学多才、温暖自信等于一身的完美女孩，最终获得成功和幸福。但是，如同一块璞玉只有在精心雕琢下才能绽放出最美的光彩，完美女孩不是天生的，这与父母的科学教育和培养关系巨大。父母要想更好地教养女孩，就一定要告诉女孩很多事情。

家庭是孩子人生中的第一所学校，父母则是第一任老师，家庭教育对女孩的智力、性格、习惯、心态、能力、品德等的培育有着重大影响，甚至可以决定女孩的一生。女孩将来会成为什么样的人，成就怎样的事业，掌握多少财富，建立怎样的家庭，收获怎样的幸福，很大程度上取决于所受的家庭教育。

然而在现实生活中，有些父母过分关注女孩的智力发育和学业成绩，或者把自己未实现的理想强加到女孩身上，一厢情愿地给女孩安排各种培训班或才艺班，希望她考一所名牌大学或凭借一门才艺获得成功，却不顾及女孩自身的成长规律，也忽略了女孩其他方面的培养。其实，完美女孩不只是成绩优异、才艺超群，还包括非凡的气质、优雅的谈吐，在某个领域中表现出的果断的办事能力、独当一面的气魄，以及独到的眼光、成熟的心智等，而这些单靠学习课本知识和特长培训是难以成就的。

培养优秀女孩也是一门艺术。做父母的首先要提高自身素质，以自己言传身教的榜样力量去影响女孩、塑造女孩；其次要掌握科学的教育理念和有效的技巧，不要陷进于女儿成长不利的教育误区；最后，女孩在人生的各个阶段，会遇到各种各样的困难和挫折，父母应及时观察，多了解女儿的心思，引导她正确面对和处理，为其健康成长保驾护航。

本书从女孩身心发展的规律入手，从不同角度出发，为父母们提供了一整套成功育女方案，让有女儿的父母把握教育的正确方向和科学性，真正教到点子上。书中深刻分析了女孩大性中的优缺点，全面介绍女孩在性格、气质、智商、情商、才艺等各个方面的培养要点，指导父母教出卓越女孩。

目录

第一章
给身为女孩的你

该穿文胸了 ……… 2
学会保护自己的乳房 ……… 3
坦然面对你的"初潮" ……… 5
远离痛经的困扰 ……… 7
正确面对经期的情绪不稳 ……… 9
不要盲目干预经期 ……… 11
不要过早化妆 ……… 12
青春不要痘 ……… 15
不要太担心汗毛重 ……… 17
有"性幻想"并不可怕 ……… 19
说说神秘的处女膜 ……… 22

第二章

给花季迷惘的你

同学关系处理有学问 ……… 26
理智面对父母离婚 ……… 29
再婚家庭没那么可怕 ……… 30
克服自卑感 ……… 32
遇到挫折后学会自我调适 ……… 36
相貌平平又怎样 ……… 40
摆脱"镜子依赖症" ……… 43
安全度过青春叛逆期 ……… 46
别太在意他人的评价 ……… 49
和男孩交往把握好尺度 ……… 53
青春可以不忧郁 ……… 57
真正的爱情是什么 ……… 61
偷偷喜欢自己的男老师,怎么办 ……… 64

第三章

给需要关心呵护的你

谨防电话诈骗 ……… 68
学会正确地说"不" ……… 70
谨慎面对敲门 ……… 74
自己的东西要看管好 ……… 77
路遇抢劫须镇静 ……… 79
走路也要讲究安全 ……… 81
网购会上瘾也会上当 ……… 83
不参与低级趣味的娱乐活动 ……… 86
对金钱的诱惑提高警惕 ……… 87
性行为不要随便尝试 ……… 90
网络爱情不大靠谱 ……… 92

第四章

给努力求学求知的你

上课偶尔走神没什么 ……… 96
文科理科没有好坏之分只有适不适合 ……… 99
不是每个人都能考上名牌大学 ……… 102
时间是挤出来的 ……… 105
抓住最佳时间，获得最高学习效率 ……… 108
专心致志地学，开开心心地玩 ……… 112
掌握厚薄互返读书法 ……… 116
电视可以适当地看 ……… 119
读万卷书，行万里路 ……… 123
让大脑也做做体操 ……… 126

第五章
给渴望完美的你

列一个一生必读书单 ……. 130
当学生干部和学习可以兼顾 ……. 134
积累点书法素养 ……. 136
独处时,享受天籁之音 ……. 142
学着欣赏国画 ……. 145
健康是最好的储蓄 ……. 149
舞动是张扬的青春 ……. 152
原谅自己的缺陷 ……. 154
好口才对未来发展很重要 ……. 157
微笑,时刻准备的"见面礼" ……. 161

第六章
给日渐成熟的你

将快乐变成习惯 ……… 166
推销独特的自己 ……… 169
谁都不是世界的中心 ……… 173
放弃是一种智慧 ……… 176
没有完美的选择 ……… 180
时时不忘展示自己 ……… 184
真诚并不等于一直讲大实话 ……… 187
结交更多的朋友 ……… 190
给人赞美，给人认同 ……… 194
适当改变一下自己 ……… 200
与人交往，可圆可方 ……… 203
热忱提升人气 ……… 207

第七章
给未来半边天的你

寻找生命中的阳光 212

个性是魅力的源泉 214

女生并非比男生笨 217

善良，让好女孩先从内心"美"起来 220

智慧，是传说中不老的美貌 223

内涵——优雅的一种积淀 226

有品位的女孩最美丽 228

温柔是一种武器 232

礼仪就像是优雅的瑜伽 236

女人味是什么味 239

第一章

给身为女孩的你

该穿文胸了

一天妈妈下班回家后,直接走到丹丹的屋里来。

"丹丹,这是妈妈买给你的。"妈妈笑盈盈地对丹丹说着,从书包里掏出来一个袋子,里面是白色的胸罩。

"呃……"丹丹显得有点不好意思了。

妈妈说:"女孩在胸部发育到一定程度时,就应该开始穿文胸了。否则的话胸部就有可能下垂,影响美观。"

于是,在妈妈的指导下,丹丹开始学习如何穿戴文胸,还真是有点麻烦呢。首先,要用手将松散的胸部收到胸罩罩杯中,然后再将内衣最突起的地方与乳头重合,使整个乳房被覆盖,最后再把被扣扣上,把肩带调整到松紧适当。

丹丹穿好衣服之后走到镜子前照了一下,觉得自己漂亮了很多,不像从前那样的邋遢了。

穿上胸罩,虽然好看,但是不舒服,感觉有点透不过气来。妈妈说,这可能是刚开始不太适应的缘故,以后就能慢慢适应了。

丹丹觉得自己长大了。

家长寄语

丰满的乳房能够衬托出女性特有的曲线美，而佩戴文胸是保护乳房最便捷的方法。

乳房发育的初期，是不需要佩戴文胸的。一般说来，当女孩子的乳房发育到乳头变得明显，跑动时会感到乳房摇动的时候，就说明她应该佩戴文胸，保护逐渐发育的乳房。

可能在最开始，你对于佩戴文胸感到很不习惯，觉得穿戴起来太费事，而且穿上之后又不舒服。不过，妈妈还是希望你能够坚持佩戴，因为佩戴文胸有很多的好处：

1.佩戴文胸能够有利于乳房保持清洁。

2.佩戴文胸可以起到支持和衬托乳房的作用，使其血液循环畅通，有助于乳房的发育。

3.能够避免行走、运动或劳动时乳房的过度摆动，防止乳房松弛甚至下垂。

4.可以促进乳房内的脂肪集聚，使乳房更丰满，还可以弥补乳房过小等生理缺陷。

学会保护自己的乳房

进入中年的女人是否都有爱唠叨的习惯？

兰兰观察了一下自己的妈妈：嗯，这绝对是铁的定律。

吃饭的时候，妈妈会在旁边唠唠叨叨："兰兰正在长身体，所以不可以挑食。"说着，就把一块最容易让人发胖的牛腩放到兰兰碗里；写作业的时候，妈妈又在旁边唠叨："兰兰，身体和桌子不要贴得太近，那样会压到胸部。"一边说着一边走过来帮兰兰矫正姿势；走路的时候，妈妈会依然在兰兰旁边唠叨："兰兰，走路一定要挺胸抬头，这样才会保持良好的身姿，否则的话就变成鸵鸟了。"

玩电脑的时候，妈妈还在唠叨："兰兰，不可以总是猫在家里玩，要有固定的时间出去锻炼身体，会使身体更加健美。"

……

总之，不管兰兰在做什么，妈妈总会在旁边唠叨几句。兰兰不禁向苍天问道：这是为什么啊？

家长寄语

兰兰，女孩乳房发育的时候，要懂得如何保护自己的乳房，这对乳房的丰满健康，以及身材的美丽优雅来说，都很重要。

1.注意饮食均衡。有些女孩进入青春期之后，总是拒绝吃油腻的东西，怕自己会变得不漂亮。适量地多吃一些，不仅不会发胖，而且可以增加适量的脂肪，保持乳房的丰满，不要片面地追求"苗条"而过度节食，这很不利于乳房的生长发育。

2.注意身体姿势。很多小女生对乳房发育感到很害羞，就会含胸驼背，这样不利于乳房的生长发育。平时走路的时候要保持抬头挺胸的姿势，保持背部是平直的；坐下的时候也要挺胸端坐；睡眠的时候也要讲究姿势，最好是仰卧或者是侧卧，不要俯卧，以免压迫到乳房。

3.注意锻炼身体。多做一些胸部健美运动,比如:每天清晨或夜晚多做几次深呼吸,可以使胸部得到充分的发育;适当地做一些扩胸运动或俯卧撑,会使胸肌均匀发达,乳房健美而有弹性。要提醒你的是在运动的过程中注意保护乳房,不要被撞击或是被挤压。

4.多做胸部按摩。洗澡时要注意避免用热水刺激乳房,盆浴的话不要在水中浸泡太久,以免乳房的软组织松弛。在洗澡的过程中适当地按摩乳房,促进血液循环,促进乳房的生长。

兰兰,你明白妈妈为什么这样唠叨了吧。养成良好的生活习惯,你才会更加健康地成长。

坦然面对你的"初潮"

今天,薇薇经历了一件重大事故:早上起床的时候发现内裤上面沾满了血!

这是怎么回事?

过了大约半个小时,薇薇隐约感觉到又在流血,赶快跑到卫生间里"观察"一下:真的,流血没有结束,还在继续。

薇薇忍不住惊慌害怕起来:这别再是什么不治之症的前兆吧?如果自己生病死了怎么办?

想到这里,薇薇拿出自己最心爱的大号史努比毛绒玩具,准备好要把它送给好朋友。

薇薇哭着去找妈妈:"妈妈,我下面流了好多血。"

妈妈看到薇薇这副样子，不但没有着急，反而笑着说："薇薇，不要怕，没事的。"

　　嗯？在薇薇正哭得投入的时候，妈妈这一句话让她感到很诧异，薇薇好奇地望着妈妈。

　　"薇薇，这是正常的生理现象，每个女孩都会有。它的学名叫'月经'，每个月都会有一次出血。"

　　"那流的是血啊！"薇薇还是有点难过，"如果血流没了怎么办？"

　　"不是，流出来的是废的血，对你的身体有好处。"妈妈耐心地为薇薇解释。

　　听妈妈这样一说，薇薇平静下来点了。

　　"薇薇，妈妈帮你把卫生巾垫上吧。"

　　"好。"

家长寄语

　　薇薇，估计你到现在也没有想明白为什么要有"月经"这种东西吧，让妈妈来告诉你。

　　女孩的身体中有一个器官叫作"子宫"，就好比一个装东西的空房间。将来当你有一天怀孕生小孩的时候，子宫就是装未出世的婴儿的地方。但是现在，这个子宫一直都处于空闲的状态。我们平时在生活中都有这样的常识，当房间很久不住人的时候，就需要打扫，否则就会很脏。子宫也就好比是这个房间，隔一段时间就需要打扫一下。所以，子宫内膜的保护层在每隔28天的时候会自动脱落排出，于是就造成了月经。对于"月经"的到访,你应该感到欣喜和高兴才对,根本用不着担心害怕。

大部分的女孩在 11～15 岁这段时期经历第一次月经,以后就会逐渐规律,每隔一个月左右就来一次。每个女孩的"月经周期"都不尽相同。

在一般情况下,月经周期是从一次月经开始的日子,到下一次月经开始的那一天为一个周期,一般在 22～32 天,多数人约为 28 天。在月经期间,出血时间一般是 3～7 天,多数人是 4～5 天,其中第二天、第三天的出血量会比较多一些。

接受这个"新朋友"吧,以后每隔一个月左右,它便如约而至,和你相会。

远离痛经的困扰

这一天,樱兰经历了一场灾难。

从中午开始,樱兰的肚子感觉有剧烈的胀痛,而且浑身开始出冷汗。实在是没有办法听课,樱兰只好趴在了桌子上,紧闭着眼睛,默默地忍受这一切。

"樱兰,上课不要睡觉,起来回答问题。"老师以为樱兰在课上睡觉,故意把她叫起来。

樱兰强忍着痛,无精打采地站了起来。

老师好像发现到樱兰有一些异常,走过来问她:"是不是有些不舒服呢？看你的脸色煞白煞白的。"

"嗯。"樱兰疼得近乎麻木，发出一个鼻音回应老师。

"哦，那就继续趴着休息吧。"老师良心发现，谢天谢地。

下了课之后，樱兰实在是忍受不住疼痛，只好麻烦同伴陪着她回家休息。

疼啊！但愿以后不会每个月都这样疼吧！

家长寄语

樱兰，看你难受的样子，一定是痛经在困扰你吧。

有些女孩在月经的前几天，下腹部、腰部都会出现剧烈的胀痛、绞痛甚至阵痛，有时还会伴有恶心、呕吐或出现头晕、面色苍白、手脚冰凉、全身出冷汗甚至突然晕倒的现象，这就叫痛经。

引起痛经的原因比较复杂，主要有以下几种：

1. 生理因素。由于子宫内膜前列腺素增多，使子宫收缩过度或不协调，子宫局部缺氧导致痛经。

2. 心理因素。来月经的时候，恐惧的心情会加重疼痛感。

3. 饮食习惯。有的女孩特别喜欢吃冷的食物，导致子宫内的充盈物凝滞在一起无法排出，导致痛经。

4. 受到寒凉。由于天气寒冷或者穿的衣服太少，使身体受寒，也会加重疼痛。

发生痛经之后，首先不要紧张，消除对月经的恐惧和紧张情绪，保持精神愉快。还可以请周围的人帮你准备热水袋或者热毛巾盖在肚子上面，按摩小腹，多注意休息，这些做法都能有效地缓解经痛。

同时，忌食刺激和生冷的食品，注意身体保暖也是非常有用的。

如果在短时间内，痛经无法通过以上的方法缓解或长期出现经痛者，应该去看医生，并在医生的指导下服用适量的止痛药物，可以达到治疗痛经的目的。

痛经是青春期女孩子中比较多发的症状，以后伴随着子宫的充分发育以及内分泌功能的稳定，痛经自然会有好转，所以樱兰，你不必过于担心。

正确面对经期的情绪不稳

依风最近两天脾气特别不好，自己都能把自己吓住了。

早上起床有点晚了，手忙脚乱的，依风急急忙忙地洗脸刷牙，妈妈在旁边匆匆帮助她准备好了早餐。可是，豆浆实在是太烫了，依风根本就无法喝到嘴。也不知道从哪里冒出来一股火，她竟然怒冲冲地对着妈妈喊了起来："都是你害的啊！我上学要迟到了啊。"话音刚落，匆匆背上书包往学校赶去。

来到教室，谢天谢地，总算没有迟到。不过，同桌正在收拾东西，把他的书本都堆到依风这里，看到这乱糟糟的样子，依风又忍不住又发脾气了："弄得这样乱，拿走！全都拿走！"同桌看到她的情绪这样激烈，一个上午都没敢和她说话。

其实依风自己也感到很奇怪，怎么最近脾气这么大呢？伤害了最疼爱她的妈妈，还有陪伴她共同成长的同学，实在是太不应该了。

家长寄语

依风，我知道你这几天为什么情绪这样不稳定，估计你的"好朋友"快来了吧。不过，这也不是特别严重的问题，你不要过去担心，通过自己慢慢地调适，以后会好的。

曾经有心理学家研究发现，世界上约有近一半的女性在月经期间会出现情绪上的变化。一般这种变化会出现在月经来潮的前两天，除了身体有不适应的症状之外，还会出现不同程度的情绪反常，如情绪低落、心烦意乱、好发脾气、注意力不集中等现象，有些女孩容易变得火冒三丈。

看你发脾气的样子，真是有点吓人呢。这次，妈妈原谅你，妈妈给你支招，让你有效地控制这些症状，保持经期愉快：

1. 尽量减少刺激。

在来潮之前应该有意识地避免一些不愉快事情的刺激，谨慎从事，不跟人争吵、斗嘴，少接近那些性格粗暴的人。

2. 学会自我控制。

在生活中有时挫折难以避免，有时会遇到令人气恼的、不顺心的事，在这时要学会自我控制，多做自我批评，多替别人着想，不要意气用事。在有了不良情绪的同时可以有意识地想些方法转移注意力，比如可以找好朋友聊聊天，宣泄一下，或者也可以看看电视、听听音乐，读一些幽默的作品，从而淡化不愉快的感情。

3. 调节饮食习惯。

这一段时间要注意不可以吃太咸的食物，因为过咸的食物会使体内的盐分和水分储量增多,从而造成在月经来潮之前发生头痛的症状。这段时间建议你多吃一些开胃助消化的食物,比如枣、面条、粥之类。

不要盲目干预经期

学校组织大家这个周末去郊区的自然保护区旅游,听说晚上还有篝火晚会,尔竹真盼望这一天能快点到来。

可是,一算时间发现,那天正好会赶上她生理周期中的"那几天",这让尔竹很是沮丧。如果中途累了跟不上队伍怎么办?有没有一种方法可以把这几天提前或者错后?嘻嘻,很想"调度"一下啊。

尔竹的同学对她说:"好像是有一个偏方,喝一瓶醋,越酸越好……建议你喝山西老陈醋。"

"真的管用吗?"听了同伴的话,尔竹有点半信半疑。

"这我也说不好了,我又没喝过,你试试呗。"

那还是算了,尔竹可不想试试!喝一肚子醋,比痛经还难受呢!

还有一个同学对尔竹说:"咳!我想到了一个好方法,可以到药房去买点避孕药,就可以推迟经期。"呵呵,这个主意还挺靠谱的。只不过,自己还这么小,可以买避孕药吃吗?这件事情,还是回家问问妈妈吧。

家长寄语

尔竹，妈妈想告诉你的是，你没有必要因为这样的小事就想到要推迟月经周期，月经是自然的生理现象，凡事顺其自然的规律才是最科学的，人为的改变并不一定就是最好的。

有些女孩子，她们因为经期赶上了大考或是有其他特殊的原因，怕经期的生理反应影响成绩，希望通过服避孕药来改变周期，使之错过考试。其实在一般的情况下，经期的生理反应不会对学习生活造成太大的影响，只要自己注意调节心情、注意休息就可以了。

如果使用药物不当或者使用的次数过于频繁，就会影响生理上调节功能的正常运转，引起月经失调，反而会对身体造成不利的影响。至于你的好朋友说喝醋可以改变月经周期，更是没有任何科学道理的说法。

通过擅自服用避孕药等方法人为地将原本正常的月经进行调整，这样的做法是不可取的。如果你真的有比较严重的痛经问题，可以告诉妈妈，妈妈会带你到医院去就诊，请医生给予帮助。

不要过早化妆

慧慧那天去参加一个同学的聚会，发现所有的女孩们个个都打扮得非常漂亮，木木涂了鲜艳的炫彩口红，花花涂上了肉粉色的指甲油。夸张的是葱头，她居然抹上了紫色的眼影，穿着艳丽的裙子，好像这里真的变成了交谊舞会。

再看看素面朝天的自己，像是被埋没的灰姑娘一样，没有丝毫光彩，慧慧的心情也不禁有些黯然了。

回到了家，慧慧还在想着聚会上一个个靓丽的倩影，不知自己化妆之后的效果怎样，真想试一试。

慧慧有一个端庄又高贵的妈妈，她的镜台前摆了很多优质的化妆品，嘻嘻，慧慧想应该可以偷偷用一用的吧。于是乎，慧慧一个人坐在妈妈的镜台前，像个小大人一样独自打扮起来，一边忙活，还在心里抱怨：妈妈真是的，她有这么多好看的化妆品，为什么从来都不会分给自己的女儿用呢？

正在自我陶醉的时候，慧慧听见有人拧钥匙的声音。

不好！妈妈回来了。慧慧想赶快躲到卫生间去洗掉，但是已经来不及，还是被妈妈发现了。

"慧慧，你在做什么？"妈妈叫道，"这些东西你是不可以用的。"

慧慧心里感觉很委屈啊，忍不住要和妈妈辩论："为什么妈妈可以用，我就不可以用？"

"妈妈是大人，所以可以用。你还小，没有必要化妆。"

"为什么大人可以化妆，小孩就不可以化妆呢？"慧慧还是不依不饶。

妈妈无奈地看看慧慧，说道："你现在的年纪是皮肤最好的时候，如果遮盖住了多可惜啊。"

慧慧不信，凑过去仔细看看妈妈的脸，其实真的是这样啊。妈妈的脸色偏黄，皮肤有轻微的褶，眼睛旁边有很多细碎的纹路。

忽然间，觉得妈妈一下沧桑了很多。

家长寄语

慧慧，妈妈有的时候也很羡慕你呢。你是这样的年轻，有朝气，多好啊。当然，爱美之心，人皆有之，你对化妆的渴望，妈妈很理解。但是，我相信你并不了解化妆的意义吧。

为什么世上自古以来都是女人在化妆，很少有男人在化妆，原因是什么？你是否思考过呢？因为男人和女人相比而言，气血充足，所以不需要化妆脸色也一样是红润润的。女人则不是，女人和男人生理结构的不同造成女人的气血不像男人那般充足，所以女人更容易憔悴变老，成年女子如果不经过化妆的话，脸色就会比较难看，所以女人化妆是合情合理的。

通过化妆，女人可以把美好展示给别人，一样美丽动人，让人看到会很舒服，这也是礼仪的一种恰当表示。

而你现在正值花季，是一生中最美丽的时候，有什么美能抵得过自然之美呢？少女的肤色柔和、自然，时时体现着健康之美。多少人都羡慕青春的面庞，而你却怎么会想把这样的年轻藏在脂粉里面呢？如果化妆是出于流行，出于从众的心理，那就没有任何意义了。

一般来讲，18岁以后的女孩就可以用化妆品了，20岁以后最适合用面膜。而你现在的皮肤正处在自我调节能力的最佳状态，如果用太多的化妆品反而会使成年以后的皮肤变得更差。所以，青春期的女孩只要用一些温和的宝宝霜就好了。此外，你还要知道，所有的化妆品无一例外都是由化学物质组成的，对人体健康或多或少都有些影响。比如说口红的质量，参差不齐，有的口红中甚至含有有毒物质，如果随饮食进入体内，久而久之会造成不小的危害。

至于涂指甲油，一样也会对健康产生不小的影响。当指甲油覆盖在指甲上面，会阻断指甲的"呼吸"。并且在洗掉指甲油的同时还会带走指甲的天然保护层，使指甲变得脆弱、易折断、失去天然的光泽。

所以，慧慧，你要明白，并不是妈妈不愿意给你买那些化妆品，而是不愿意伤害你的天然美，你能够理解到妈妈的一番好意吗？

青春不要痘

这两天枫枫的心情格外的爽，为什么这样讲呢？因为前段时间那个嘲笑她是"满天星"的女生，脸上也开始连绵不绝且以泛滥成灾的速度长痘了，那架势，绝不亚于凹凸不平的月球表面。

看到那个女孩一副可怜的样子，枫枫不禁动了恻隐之心。要知道，这是个很漂亮的女孩，她有高高的鼻梁，薄薄的嘴唇和白皙的皮肤。可能是由于皮肤太好的缘故吧，所以一颗颗的痘格外显眼。

长了一脸痘的女孩，失去了往日的神气，不再像从前一样咋咋呼呼，可能是担心大家看到她的痘痘。

枫枫最近的状况还好，可能是由于从前每天晚上她都要向妈妈抱怨的缘故，妈妈也因此更加注意她的饮食搭配、睡眠休息还有卫生清洁方面，痘痘得到了很好的控制。

枫枫只求自己永远都不要长痘。

家长寄语

亲爱的枫枫，妈妈最近一直都很关注你的皮肤呢。首先想劝你的是，不要在心理上有压力，青春痘的出现是自然的生理现象，心地平和地接受现实，顺其自然就好了。毕竟，这是每个花季少女都无法躲开的，到了20岁以后，往往就不治自愈了。

如果你想预防和减少痘痘的发生，最重要的是从日常的清洁、护理以及饮食上注意：

1.如果你能保证每天用温水洗脸1～2次，洗掉脸上的油脂和灰尘，就会大大减少长青春痘的机会。因为面部的清洗使毛囊口的排泄通畅，使脸部皮肤可以呼吸到新鲜的空气。

2.青春期女孩的皮肤是最娇艳动人的，所以根本没有必要做任何修饰。尽量不要使用彩妆，在选择护肤品要注意不要使用香脂类和油性的产品。

3.不要自己动手挤破痘痘，以免发生感染，留下疤痕。

4.注意饮食要尽量清淡一些，多吃水果、蔬菜，少吃油腻食物或甜食，枫枫你平时最喜欢吃甜的零食，你要注意克制啊。因为含油多和含糖高的食物会使皮脂腺皮脂增多。还有就是不吃或少吃辛辣刺激性食物，减少对皮肤的刺激。

5.养成按时排便的习惯，并保持大便通畅，及时排出体内毒素。

6.为了防止感染，可以使用蘸有酒精的棉签涂抹长痘痘的地方，也可以涂抹少量的红霉素软膏;如果痘痘数量较多或伴有局部红肿和炎症的话,要及时去皮肤科治疗,千万不要自己随便处理,否则很可能会弄巧成拙。

7. 养成良好的卫生习惯。个人的卫生、生活习惯,决定了青春痘在脸上停留的时间,因为青春痘形成的一个重要原因是新陈代谢混乱。所以你要努力做到早起早睡,生活规律,保证充分睡眠。

8. 夏天的时候要做好防晒措施。因为阳光中的紫外线,一旦经过了青春痘的伤口直射穿透表皮层,就会在伤口部位形成黑色斑点。

9. 愉快的心情是治愈青春痘的良方。不要以为天下只有你长了青春痘,正确地对待它,别让它干扰你的生活,这是最重要的。

枫枫,如果以上这些你都能做到的话,青春痘会自然而然地远离你的。

不要太担心汗毛重

和阴毛和腋毛相比,妮妮四肢的汗毛就显得清淡多了——当然,这也只是相对比较而言。

夏天里的女孩都喜欢穿漂亮的裙子,妮妮当然也不例外。

经过了一个夏天,妮妮忽然发现自己的汗毛变长了。记得以前的汗毛很细小微弱,现在看起来变得茁壮了很多。

"你看,我的汗毛是不是重了很多?"妮妮把一只胳膊伸到同桌的面前。

"呵呵,是不是因为你太爱出汗,所以汗毛就变重了呢?"同桌眨巴眨眼,这样问妮妮。

"出汗多和汗毛重,有必然的联系吗?"妮妮真的很纳闷同桌的理论。

"当然有关系啦!你想,汗毛就好比是一株植物,当你流的汗水很多,就相当于给它浇花了,汗毛当然会长得很茂盛啦。这都是被滋润出来的。"

居然有这种理论!

"不对,不对,你瞎扯,怎么可能。"妮妮摇摇头。

同桌很不服气:"那你说,你的汗毛是怎么变重的呢?"

这个,妮妮也说不上来。

家长寄语

妮妮,你和好朋友的辩解真是有趣。怎么说呢,你想,你的身体在不停地长大,汗毛也在长大,这有什么奇怪的呢?

处于青春期发育阶段的女孩,由于体内激素的分泌不平衡,雄激素水平较高,刺激了毛囊,会使胳膊和腿上的汗毛很重,包括你的"小胡子"也会变得更重。于是,有些女孩夏天不敢穿裙子或短袖衬衣,并且还会想方设法消灭这些毛毛,甚至会担心自己是不是有病了,整日忧心忡忡。

一般说来,因为青春期激素分泌的不平衡造成的这种多毛现象,经过了一段时间,等到激素的分泌趋于稳定之后,体毛就不会变重。而且随着年龄的增长,人的体毛也会慢慢减少,这是自然规律。

有"性幻想"并不可怕

那天晚上玉竹的小伙伴不舒服,所以玉竹只好自己一个人去上晚自习了。平时习惯了这个小伙伴,突然没有人陪她,还真觉得有点不习惯。

不过很巧啊,班上的男生 S 君恰巧也去上自习,玉竹正好与他一路同行。S 君是班上一个颇有争议的人物,大家对于他的传奇故事都多少有所了解。比如他每天早上 6 点钟起床,来到学校偏僻的小树林里面练习剑法,既可强身又可防贼。玉竹的小伙伴们还曾经把 S 君当作笑柄,多次相约将来有机会一定秘密跟踪他,领受"大侠"的剑法。

不过,和 S 君交谈几句,玉竹发现他并非八卦人物,侃侃而谈又很幽默风趣,那个晚上过得很愉快。直到晚上睡觉之前,玉竹还会想起 S 君说的笑话,很愉快地入睡了。

早上醒来之后,玉竹朦朦胧胧中好像觉得 S 君就在自己的身旁……

天啊!都在想些什么!玉竹马上坐了起来,深呼吸一口气。

气定神闲,不要胡思乱想,玉竹收拾了一下乱糟糟的情绪,要赶快准备上课去。

家长寄语

玉竹,处于青春期的女孩,常会想入非非,把曾在电影、电视、书刊等社会传播媒介中看到过的性爱镜头或故事,通过大脑的重新剪辑移植到自己身上,或者用丰富的想象,虚构遇见自己爱慕的异性交往的种种情景,从而满足自己的性欲望。这种带有性爱色彩的梦幻心理就称为性幻想。性幻想是性生理发育的产物,它是在人的清醒状态下,虚构出带有一系列性爱情节的心理活动。

青春期是人一生中生长发育最旺盛的时期,随着性生理的成熟,产生了性欲望和性冲动。但是在现实生活中,青少年不能以合乎道德、法律的途径来满足对性的欲望和需求。一般来讲,从性成熟到以婚姻形式开始正常的性生活有 8~10 年的过渡时期。在这期间,有性爱的主观愿望,而无性爱的客观可能,就容易导致青少年展开丰富的想象,以梦幻取代现实。

性幻想在处于青春期的中学生中普遍存在,只是有的想得多一些,时间长一些,有的想得少一些,时间短一些。一般女孩比男孩要多,尤其是思想活跃、感情丰富又闲暇舒适的女孩发生的概率会更加频繁。性心理学家蔼里斯曾指出,对于先天遗传有艺术家倾向的人,性爱的白日梦所消耗的精神和时间比较多些,而艺术家中尤以小说家为甚。

性幻想在人入睡之前及睡醒之后卧床的时间里,或在闲暇时较多出现。有人把性幻想称作"白日梦",就是即便是在白天的时候,有时是在上课、走路,甚至在听别人说话的时候,脑海里会浮现出与眼前的实际情况毫无关系的图像和情节,如同在过电影。性幻想在入神的时候,有些人可能出现性兴奋。

其实，就性幻想的本质而言，它是青春期男女以至未婚成年人的一种自慰行为，是在没有异性参与的情况下进行自我满足性欲的活动。性幻想的过程中反映了幻想者强烈想实现又不能得以实现的愿望，这种幻想起到了一种补偿作用，以达到宣泄内心的压抑，满足心灵的渴求，对心理冲突起平息和抚慰的作用，可以说是性幻想的积极作用。

所以，玉竹，对于性幻想，你要有一个正确的认识，消除不必要的焦虑。性幻想在人类性心理中占有重要的地位，它对人类性心理的发展也具有一定的积极意义。所以一个人具有一定的性幻想是正常的，也是必需的。

虽然说青年人的性幻想是一种正常现象，但还是给许多女孩带来烦恼和困惑。如果女孩过分沉溺在性幻想之中，以至于整天都是昏昏沉沉的，在自己的幻想中度过，有些可能会变成"单相思"，或"钟情妄想"，以致分不清幻想和现实，影响正常的工作、生活、学习和休息。所以年轻女孩应学会善于控制自己，以减少过多的性幻想。

要做到这些并不十分容易，不过妈妈这里有几条好建议，最关键的就是让自己的生活丰富起来，不会空虚无聊，思路才会逐渐清晰。

1. 不要过分地沉迷于言情小说、淫秽物品和影视之中，而应多阅读一些内容深刻、健康的文艺作品。

2. 多参加丰富多彩、有益于身心健康的活动，特别是户外的体育锻炼。

3. 可以适量学习一些关于心理方面的知识，加强心理的自我调节，尽量避免把注意力集中在性问题上。

说说神秘的处女膜

"安青,你有没有发现,电视里也有些情节我们看不懂?"梅子神秘地问她。

"啊!"安青觉得梅子这话问得有点奇怪,"梅子,难道你看电视都看不懂吗?这智商……"

"不是,我讲给你听。那个故事的情节是这样的,就是说一个女的和一个男的,他们结婚之后的转天早晨,床单上什么痕迹都没有,然后那个男的就怒了,把那个女的大骂了一顿,还说她不规矩,不守妇道之类的。你说,这是为什么呢?"梅子把故事的来龙去脉原原本本地给安青讲述了一遍。

听了梅子这么一说,安青也是一头雾水:"梅子,这个我也不知道。"

"啧——"梅子冲着安青扮了个鬼脸,"居然说我智商低,你也不知道吧。"

面对梅子的得理不饶人,安青也只好再装深沉。

不过,这个问题也勾起了安青的好奇,究竟是个什么道理呢?

家长寄语

安青,如果你想解开上面的疑团,只需要找到一把钥匙,而这把钥匙,就是女人特别珍惜——女性的处女膜。

处女膜属于女性生殖器官的一部分，在胎儿3~4个月的时候就已经开始出现，并在以后的日子里逐渐发育。处女膜是女性位于阴道口与阴道前庭的分界处，环绕阴道口的一层薄膜状组织。处女膜中间通常会有一个小孔，当女孩子月经初潮到来以后，经血便是顺着这个小孔流出体外的。

这可不是一个简简单单的薄膜，它对女性的身体健康起着重要的保护作用。当女孩子在进入青春期之前，生殖器官发育并不完善，阴道的黏膜较薄弱、酸度也较低，这时候很多有害物质很容易侵入体内，而这时候的处女膜虽然还比较小，但是很厚，这就能有效地阻拦细菌的侵入，对女性生殖器起到很好的保护作用。当然，当女孩子进入青春期后，生殖器官逐渐发育完善，阴道已经具有抵抗细菌侵入的作用了，而这时候的处女膜也变得大而薄，保护作用也就不明显了。

回到最初我们的疑问，床单上的血是从哪里来的呢？绝大多情况下，这是女性在第一次性行为之后处女膜破裂所导致的。长期以来，女性处女膜的完整性通常被认为是女性婚前贞节的证明，如果新婚后的床单上有血渍，则说明女性在新婚前依然是处女；反之亦然。因为处女膜破裂时会有血渍流出。

那么，仅仅用这床单上是否有血来验证女性是否为处女是否科学呢？这对女性是否公平呢？

其实，这种验证方法是不科学的。因为每个人的处女膜都是不相同的，有些人的处女膜较厚且弹性很好，在第一次进行性行为时处女膜可能不会破。也有的人很特殊，根本没有形成处女膜，当然，这样的人比较少见。所以，将新婚之夜床单上是否见血作为判断女性是否为处女是不科学的。

  平时大家也要格外注意，生活中存在很多因素可能导致女性处女膜的破裂。很多人都知道的是女性在第一次性行为的时候通常会使处女膜破裂而出血，但是在很多意外情况下，处女膜都有可能会破裂。例如，女性在参加很多剧烈的体育运动——跳高、骑马、武术等时可能都会导致处女膜破裂，或是当女性使用内置式棉条不当，或是手淫，或是从事繁重的体力劳动等都有可能导致处女膜的意外破裂。

  中国传统文化熏陶下成长起来的男性总是希望自己的妻子是处女，在自己之前从没与别的男子发生过性行为；而他们也大多从处女膜是否破裂来判断身边的她是否还是处女，这也就是所谓的"处女膜情结"。当然，男性的"处女膜情结"对女性来讲不一定公平，但是对于女孩子来说，生活中还是应该自珍自爱，不要轻易与男性发生性关系，同时也要在日常生活中注意保护自己，防止非正常情况下处女膜的破裂。因为处女膜对女性生殖器的保护是有很重要的作用的。

  对于刚刚步入青春期，对爱情、对性尚且朦胧的少女们一定要细心守护自己的处女膜，用自尊自爱守护自己的这一块纯洁地带，然后等待属于自己的爱情季节。

第二章

给花季迷惘的你

同学关系处理有学问

　　海琼的英语很差劲，但是语文成绩异常优秀，以至于每到考试的时候，同学们都希望能和她坐得近一点，还会和她商量着："海琼，一会考试的时候就拜托你啦。"甚至会有同学在考试之前找海琼借笔，说一定要"沾沾喜气。"

　　有一次考试，坐在海琼旁边的同学一直疯狂地抄袭，由于他没有干扰海琼答题，所以海琼也就没有理会他，任他一直抄下去。但是，老师却都看在眼里了，并且记住了那个同学的名字。

　　试卷判完之后发了下来，海琼的成绩又是全班第一。话说抄她卷了的那个同学，却只得了54分，那个同学也觉得有点不对劲，他把海琼的卷子拿了过来，和海琼试卷上的答案一一核对，发现老师把他的分数算错了。

　　下课之后，这个同学居然就跑去找到了老师："老师，您看，我的这个题目答案和海琼的一样，都是一样的答案，您把分数给我算错了。"

　　海琼坐在下面哭笑不得，心想：这个同学可真是够呆的，这种问题居然好意思找老师问。而且把自己也抖了出来，要知道自己可不是协助他作弊啊。

没想到老师连理都不理他，自己收拾好课本走出了教室……

从那天以后，海琼发现有几个同学好像看到她之后眼神都怪怪的。还有一次，海琼在课间写作业的时候不经意间抬起了头，忽然发现有四个女生眼睛齐刷刷地往她这里盯着看，海琼的汗毛直竖。

"究竟是为什么呢？好像是有人在背后说我坏话了吧。"海琼的心里暗自嘀咕。

果然不出她的所料，海琼的一名"铁杆战友"向她透露，有的人在背后说老师偏向她呢。

这……海琼觉得，真是令人无语……

家长寄语

海琼，俗话说得好：好话不背人，背人没好话。如果有同学在后面议论你的话，你要做的是首先要反省自己，如果确定自己没有错的话，大可不必担心，凡事只要正大光明就好。

对于你同学的那些行为，你大可不必为此劳心费神，更不必大动干戈，妈妈给你提了一些意见，相信会对你有帮助：

1. 敬而远之，泰然处之。如果你觉得从没有招惹他们，自己也是问心无愧的话，那就是他人的问题了。其实在生活中还是有这种人的，他们喜欢有意拿人讥笑，求得自己的欢乐，这种人不值得交往，那就对他们敬而远之。他们有议论的自由，那么我们也有不听的自由，对他们背后的坏话，大可不必斤斤计较或是费心去打听。他们在背后议论是非，有损的是他们的形象，与我们无关。

海琼，你要知道，没有一个人是可以通过贬低别人能够抬高自己的，你只要泰然处之、安心学业，对这样的人不去理会，时间长了，他们自己就会觉得没趣，而你呢，却丝毫不受影响。更关键的是，同学都看在眼里，记在心上，说不定到那时你的威望还会提高呢。

2.公开说话，以求心理平衡。如果你自己觉得有被人议论的话题，或是得罪了某人，就应该主动和他们去沟通，诚心诚意地去征求他们对你的看法，有话当面说，隔阂一定可以消除，除非他们进行人身攻击，有意中伤，甚至触犯了法律，那就又另当别论了。如果是你自己有做的不周到的地方，那么要先把自己的缺点改掉，改得越快越彻底，他们就没有在背后议论的素材了。总之自己要把握好的是：不看别人做得对不对，先要看自己做得对不对。

3.保持一点洒脱和达观。一个巴掌拍不响，只要你不去拍另一个巴掌，洒脱一点，矛盾就不会被激化。生活中碰到的厌烦事常常都有，问题是如何来面对它们，最好的方法是在清醒中求快活，去解除无可奈何的烦恼，我们既不求能糊里糊涂地浪费时光，也不必对一切事物都过分认真苛求，最好的态度是在认真严肃的一面之外，仍要有洒脱达观的一面。

海琼，一个肯向上的人，有崇高理想的人，是不会把时间浪费在这些鸡毛蒜皮的小事上的，对于你现在的处境，妈妈希望你不要往心里去。对别人的非议，宁肯不屑一顾，也绝不肯轻易浪费自己宝贵的时间和精力去斤斤计较，这才是真正的聪明之举。"走自己的路，让别人说去吧！"这句话，你一定听说过吧。

理智面对父母离婚

有一个可怜的小女孩点点,平时她总是独自一人在角落里学习,写作业,不爱和大家在一起玩。听别的同学说她的父母一直在闹离婚,都三年了法院还没有下最后的判决,想必点点的心也一定是备受煎熬吧。

如果不是这样,为什么她总是独自一人默默不语?为什么她总是独自一人望着窗外的风景发呆?为什么她的微笑看起来那样的彷徨?

可怜的点点,她幼小的心里一定装了数不尽的难过。同学们从来都没有看到过点点的父母在她放学的时候接她回家,点点的心里也一定有种说不出的滋味。她很害怕同学们谈起自己的父母,因为那个时候她会觉得自己和别人不一样,自己是个被抛弃的孩子。

有时候她很想找人说说话,但同学们都像有点躲避她似的,不爱和她交流。点点越来越觉得自己和别人交流困难,有时候还没有说清楚事情,脸就红了,或者结巴地说不上来。

"为什么别人都有完整的家庭,只有我什么都没有呢?"点点痛苦地问妈妈,这一次,妈妈也流下了眼泪。

家长寄语

妈妈和爸爸分开,既不是你的错,也不是惩罚你。爸爸妈妈只是想要换一种生活方式，这是对我们都好的选择。但妈妈知道你希望有一个完整的家庭，你会很在意这件事情，妈妈能理解。

其实，单亲家庭的孩子和别的孩子没有任何区别，一样能得到父爱母爱，一样可以取得好成绩，考上自己喜欢的学校，读自己喜欢的书。只是有的人觉得单亲家庭的孩子很可怜，让你也会怀疑自己是不是真的很可怜。

点点，不要怀疑妈妈对你的爱，妈妈永远爱你，爸爸也永远爱你。不要在意那些不了解你的人的看法，我们唯一要在意的，就是珍惜自己身边的人。

如果有人瞧不起你，不要难过。那只是说明你们不适合做朋友，你会遇到理解你的人，和那样的人成为朋友不是更好吗？

其实，很多优秀的人也是出自单亲家庭，例如美国总统奥巴马，从小就和妈妈一起生活，他不但没有觉得自卑，反而非常自信，成了美国总统！

西方说当上帝关上一扇门的时候，一定会为我们打开一扇窗。失去某一样东西，那么你就会在另一方面得到补偿。父母的婚姻失败了，但你可以更理解父爱和母爱的珍贵，你会比其他人更懂得珍惜亲人之间的感情，不是吗？

再婚家庭没那么可怕

夏曼不愿意回家，因为夏曼有一个后爸。

"夏曼，你的新爸爸来接你咯！"淘气的男生在窗外喊了一声,夏曼的脸顿时红了。"讨厌,谁要他来接我!"夏曼在心里想:"还怕我在学校不够丢脸吗?"夏曼一脸不高兴地和继父回家了。

路上,继父说妈妈今天有事情不能来,刚刚下了雨,他才来的。平时他也不会过来。夏曼想:"真是谢天谢地,要是经常来,我都没脸上学了。"

后爸问她最近怎么样,她嗯嗯啊啊地说还行。然后两个人就一直没有话了。后来,继父说后排有一本新书,是送给她的,听说很不错。夏曼一看,原来是自己最近正迷着的动漫,心中很高兴,但还是克制着没有显示出来。"他就想收买我,没门。"

夏曼有几个死党,老给她分析问题。她们都说要对后爸后妈防着点,特别是女孩子的后爸,要保持距离。所以,她从来不和后爸出去玩,也从来不理他。

但有时候夏曼也会想,其实他这个人并不坏。

家长寄语

人生在世,最难的是什么?就是和人打交道。平日在学校,同学之间、师生之间总免不了会发生一些矛盾,闹出些别扭,可能会让我们觉得很烦,可是说到底,大家并没有很密切、很长远的利害关系,所以即使有些不快,也比较容易化解。但是如果在家庭内部闹了矛盾,那滋味就不一样了,因为彼此之间虽然互不相容,却还要在一个屋檐下朝夕相处,那种精神上的痛苦实在是难以名状的。

成长在一个破碎之后又另行组合的家庭中,对你来说是一件不容易的事情,对我们来说也是如此。毕竟你是孩子,有很多可以随心所欲的地方，但你也要想一想，如果大人都只顾自己的脾气，家里会是什么样子。

其实，我感觉到你还是挺喜欢现在的爸爸的，只是你不能平衡新爸爸和亲爸爸之间的爱，总觉得只能喜欢其中的一个。亲人之间不是那种非此即彼的关系，不要逼迫自己做选择。

不过，要是你真的像你表现的那样对新爸爸不欢迎，那么请你也至少做到尊重。就像你希望得到别人的尊重一样，他也需要你的尊重。

小曼，尽管你还姓夏，你也永远属于亲爸爸的家庭，但你同时也是属于妈妈现在的这个家庭的。我们是一家人。你可以不刻意地委屈自己，但也不要刻意地表现出那些并不是自己内心真实的想法。不要听别人的闲言碎语，毕竟，只有你自己知道自己是否幸福。

克服自卑感

美莲最近心情总是沉闷的，老是觉得自己比不过别人。

她有一次和同伴调笑说：套用刘邦的那句话，就是"夫论聪明伶俐，油头滑脑，吾不如小 A；善解人意，出谋划策，吾不如小 B；时尚靓丽，吾不如小 C。呜呜……"

（想知道当时刘邦是怎样说的吗？"夫论运筹帷幄之中，决胜于千里之外，吾不如子房。镇国家，抚百姓，给馈饷，不绝粮道，吾不如萧何。连百万之军，战必胜，攻必取，吾不如韩信。此三者，皆人杰也，吾能用之，此吾所以取天下也。"）

美莲不知当时刘邦怎么这样自信，如今这话从自己嘴里说出来的时候，只剩下悲伤的眼泪了。

是的，美莲确实很自卑，觉得自己的心路历程很郁闷，不知自己何处有所长。

回到家，她居然莫名其妙地问妈妈："妈妈，我是不是毛病特别多？"

"没有啊，很多叔叔阿姨都很喜欢美莲。"妈妈很诧异地望着美莲，却不知道怎样来安慰这个孩子。

"嗯，那就好。"

可能是由于美莲想得太多了吧，为什么总是对自己不自信呢？

家长寄语

美莲，其实你的这种心理，在现在的生活中大有人在。有许多像你这样年纪的女孩性格孤僻、害怕与人交往，常常觉得自己是茫茫大海上的一叶孤舟，喜欢一个人顾影自怜，或是无病呻吟。他们不愿投入火热的生活，却又抱怨别人不理解自己，不接纳自己。这种封闭自己的自卑心理，后来就会衍生出一种与世隔绝、孤单寂寞的情绪体验，也会感到自己越来越孤独。孤独的人往往将自己封闭于一个自我的狭小范围内，独自在这块小小圈地里品尝寂寞，并且拒绝他人的善意介入。这样的人，到头来损失最多的还是他自己。

美莲，妈妈不希望你变成这样的人，年轻人应该是朝气蓬勃，蒸蒸日上的。妈妈想用一个故事来启发你,想让你明白,自卑的人总是觉得一切对她而言都毫无意义,最终也不会创造出多彩的生活。

有位自卑的孤独者倚靠着一棵树晒太阳,他衣衫褴褛,神情萎靡,不时有气无力地打着哈欠。这时有一位智者由此经过,好奇地问道:"年轻人,如此好的阳光,如此难得的季节,你不去做你该做的事,懒懒散散地晒太阳,岂不辜负了大好时光?"

"唉!"孤独者叹了一口气说,"在这个世界上,除了躯壳外,我一无所有。我又何必去费心费力地做什么事呢?我的躯壳,就是我做的所有事了。"

"你没有家?"

"没有。与其承担家庭的负累,不如干脆没有。"孤独者说。

"你没有你的所爱?"

"没有。与其爱过之后便是恨,不如干脆不去爱。"

"没有朋友?"

"没有。与其得到之后失去,不如干脆没有朋友。"

"你不想去赚钱?"

"不想。千金得来还复去,何必劳心费神动躯体?"

"噢!"智者若有所思,"看来我得赶快帮你找根绳子。"

"找绳子?干吗?"孤独者好奇地问。

"帮你自缢!"

"自缢?你叫我死?"孤独者惊诧了。

"对。人有生就有死,与其生了还会死去,不如干脆就不出生。你的存在,本身就是多余的,自缢而死,不是正合你的逻辑吗?"

孤独者无言以对。

"兰生幽谷,不为无人佩戴而不芬芳;月挂中天,不因暂满还缺而不自圆;桃李灼灼,不因秋节将至而不开花;江水奔腾,不以一去不返而拒东流。更何况是人呢?"智者说完,拂袖而去。

你看,如果一个人如果不能把自己打败,那谁也救不了他。

造成自卑的原因多而复杂,比如学习上的挫折,缺乏与异性的交往,失去父母的挚爱,周围没有朋友等。此外,自卑心理的产生,也与人的性格有关。比如有的人情绪易变,常常大起大落,容易得罪别人,因而使自己陷入一种自卑的状态。

至于如何克服自己的自卑心理,妈妈给你提出以下的几个小建议吧:

1.用补偿心理超越自卑。

补偿心理是一种心理适应机制,从心理学的角度来分析,这种补偿其实就是一种"移位",克服自己生理上的缺陷或者是心理上的自卑,把更多的精力用于发展自己其他方面的长处、优势,赶上或超越他人的一种心理适应机制。这种心理机制的作用,使自卑感反倒成为许多成功人士的动力,他们的自卑感越强,寻求补偿的愿望就越大,成就大业的本钱也就越多。

2.用乐观的态度来面对失败。

在自我补偿的过程中,还需要正确地面对失败。要知道,人生的道路上,一路顺风的人少,曲折坎坷的人多,成功是由无数次失败构成的,美国通用电器的创始人沃特曾经说:"通向成功的路,就是把你失败的次数增加一倍。"

面对挫折和失败,唯有乐观的心态,才是正确的选择。其一,做到坚忍不拔,不因挫折而放弃追求;其二,注意调整、降低原先脱离实际的目标，及时改变策略；其三，用"局部成功"来激励自己；其四，采用自我心理调适法，提高心理承受能力。

遇到挫折后学会自我调适

若雨最近的状况真的是可以用"屋漏偏逢连夜雨"来形容，倒霉的事情都连成一串了。

首先，期中考试考砸了，少不了挨批评。家长会后，被爸爸狠狠地教训了一顿。

"若雨，我看你最近是玩疯了，看看你的成绩啊，是怎么考的！"爸爸的眼睛向来很大，那天一瞪眼，活像一只青蛙，把若雨吓坏了。

"嗯……"经爸爸的一番训诫，若雨一句话都不敢说了。

伤心难过之余若雨不禁觉得父母太绝情了，从小爸爸妈妈总是习惯宠着若雨，她哪里遭受过这样的委屈呢，真是让她伤心欲绝啊。看来应试就是不好，差点把亲情都断了。

哎，若雨心想什么都别说了，到底自己是个学生啊，学习成绩不好当然无法交差。以后只有自己多努力，不要让爸爸再发脾气才好。

不过没想到的是，倒霉的事情还在后面。刚刚挨了爸爸批评的转天，在学校组织的运动会上，若雨跑步的时候把脚脖子扭伤了。全班因为她的失误丢掉了一个荣誉。虽然没有同学责怪若雨，可是若雨的心里很自责啊，怎么就这么寸啊，偏偏在这个时候把脚扭伤！

一定是自己倒霉透顶，才造成这样的结局，最近真是倒霉事都赶到一块了。所以，最近的几天若雨都是闷闷不乐，一蹶不振。

家长寄语

若雨，妈妈可不希望看到你因为这点小事就变得一蹶不振。人生是一个漫长的过程，如果实现人生的目标需要数十年的奋斗。鲁迅先生在"风雨如磐"的旧社会，特别强调要坚持"韧性的战斗"。许多卓有成就的革命家、科学家、文艺家之所以取得成功，除了他们的才能之外，无一例外都具有意志坚韧这一心理品质。正是这种坚韧，使他们克服种种艰难险阻，百折不挠地向前搏击。而你，怎么会因为这点小挫折就不敢向前了呢？

克雷吉夫人曾经说过："美国人成功的秘诀，就是不怕失败。他们在事业上竭尽全力，毫不顾及失败，即使失败也会卷土重来，并立下比以前更坚韧的决心，努力奋斗直至成功。"有些人遭到了一次失败，便把它看成拿破仑的滑铁卢，从此失去了勇气，一蹶不振。可是，在刚强坚毅者的眼里，却没有所谓的滑铁卢。那些一心要得胜、立志要成功的人即使失败了，也不会视一时失败为最后的结局，还会继续奋斗，在失败后重新站起，比以前更有决心地向前努力，不达目的决不罢休。

世界上有无数强者，即使丧失了他们所拥有的一切东西，也不能把他们叫作失败者，因为他们有不可屈服的意志，有一种坚忍不拔的精神，有一种积极向上的乐观心态，而这些足以使他们从失败中崛起，走向更伟大的成功。在我们学习那些坚忍不拔、百折不挠的生活强者时，我们也能将失败像蜘蛛网那样轻轻抹去，只要我们心里有阳光，只要我们面对失败也依然微笑，我们就能说：命运在我手中，失败算得了什么！

面对迎面而来的挫折，希望你能够坦然地接受，过关了，以后才能承担更重大的责任。有的时候，挫折是慈悲的，如果你永远吃棒棒糖，整天泡在蜜罐里，一帆风顺的，那你也就永远长不大。

妈妈来帮你支招，教你正确地看待挫折：

1. 以正确的心态来面对挫折，将挫折作为人生的新起点。

有句俗话说得好，人道谁无烦恼，风来浪也白头。是说世间的万事万物都有烦恼。拿破仑曾经说过：人生的成功不是没有失败记录，而是能够百折不回。所以失败并不可怕，因为是失败之后的态度和举动才真正决定你今后的一切。历史上清朝有名的大臣曾国藩，开始带领湘军镇压太平天国运动的时候，由于刚开始战略战术不好，经常被打败，有次竟然是全军覆没，曾国藩急得要跳河自尽。师爷急忙拉住了他，同时，还建议把写给皇帝奏章上的"屡战屡败"写成"屡败屡战"，皇帝看到了奏章之后，大大地嘉奖了曾国藩，曾国藩也从那个奏章上看到了希望，从此改变态度，打败了太平军，终于成为一代中兴重臣。你可以想一想，如果曾国藩当时无法接受挫折，一气之下就跳河了，历史还会记住他吗？所以说，对待挫折也要有一个正确的态度，正是我们刹那间的念头，左右或者是决定了我们的人生，面对挫折，勇敢地跳过去，人生将别有一番天地。

2. 通过适当的发泄来忘记痛苦。

据说在国外有一种专门的发泄馆，只要是人有了不高兴的事情，就能够跑出去发泄,通过发泄来释放自己的苦恼,心情也就平静了。虽然现在在中国还没有类似的发泄馆,但我们也可以找到其他的方式来排解心中的挫折感,比如可以做些重体力的运动,找一个没有人的地方,尽情地大吼几声。通过这样的发泄,你的心情就会快乐许多,这种自我发泄不失为一种好方法,它可以在不知不觉中将你的烦恼发泄得一干二净。当然,比如听听歌等各种自己认为满意的方式,都是可以采用的。找你认为恰当又不伤害他人的方法即可。

3. 找好朋友倾诉,丢掉心理包袱。

曾经有一位哲人曾经说:我有一个苹果,你也有一个苹果,我们彼此交换,每人都还是有一个苹果。可是,你有一种思想,我有一种思想,我们彼此交换,每人就有两种思想。同样的道理,你有一份快乐,我有一份快乐,我们彼此交换,每人就会收获两份快乐。但是,当你把你的悲伤倾诉给另外的一个人,你就只有二分之一悲伤。

所以,当我们遭受了挫折,而自己又不能够排遣的时候,我们可以试着将自己的挫折诉说给别人,让他们来替我们解开那个我们自己打不开的心结。倾诉的对象可以是父母老师,也可以是自己的同学或者其他好朋友。不要把挫折和悲伤埋藏在自己的心中,否则的话你只会变得越来越忧郁。

4. 找到用成功来取代挫折的突破口。

之所以感到挫折,是因为我们遭受了失败的打击,由于难以及时走出失败的阴影,所以拿破仑曾经说过"避免失败的最好方法,就是下决心获得成功"。当遭受了挫折且在一定时间内无法排解和战胜的时候,最好的方法就是绕道而行。将挫折暂时搁置,用另外一件事情来代替它。只要你留心,就能够发现,以前的痛苦在今天看来,已经不再是痛苦,我们对此早已坦然面对。

所以当我们遭受痛苦的时候，有时并不一定要急忙去解决这个痛苦，而是采用冷置法，先将痛苦掩藏起来，视而不见。先去做我们认为容易成功的事情。而当我们在其他的领域取得成功的时候，再回过头来看以前的挫折，那时的挫折早已经烟消云散。

相貌平平又怎样

凌薇相貌平平，大大的脸盘，一双单眼皮，不算白嫩的皮肤，不算纤长的眉毛，毛躁的头发，实在算不上漂亮。

不过凌薇的同伴会说话，经常会哄凌薇说："凌薇，你不懂了，我看书上说的，女孩的脸有两种，一种是乍一看不好看，越看越好看的；还有一种是乍一看很好看，然后越看越难看的。你是前面的那一种，而且第一种女孩的命比第二种女孩要好。"

凌薇这一张再普通不过的脸，在同伴那巧嘴的包装下，霎时变得鲜艳动人起来。

"好久没有人把牛皮吹得这么清丽脱俗了。"

当然，凌薇承认了，自己的脸看第一眼真不觉得好看，这不就已经招了吗？至于后来越来越好看之说——混得脸熟了呗。

毕竟，在凌薇的内心深处，她一直都为自己的相貌而苦恼，因为她不漂亮。可是凌薇的妈妈却是很美丽，也很端庄。让凌薇最为不服气的是，既然自己是她的女儿，为什么一点也不像她呢？

走在街上，凌薇会一次次地看那些漂亮的女生，心里充满了羡慕。

家长寄语

凌薇，妈妈想给你讲一个故事，告诉你即便是作为女孩，外表也不是最重要的。

凯瑟琳生活在一个富裕的家庭，她的父亲是一个很有名的商人。凯瑟琳聪明美丽，而且从小就接受了很好的教育。闲暇的时候，她会用那双修长而优美的手弹奏钢琴。她弹奏出的音乐非常动人，得到了很多人的称赞。

"我的手是最美丽的！没有任何人的手比我的手更美的了！"凯瑟林常常这样想。一天她对老师说："罗娜老师，玛丽的手看起来好粗糙啊！她的手又红又肿，难看死了。""亲爱的，你只看到了表面的东西。玛丽的手是我们班上学生中最美丽的手。"老师说。

"但她的双手又红又肿，好像一把刷子。"凯瑟林有些纳闷地说，"她的手怎么会是最美丽手的呢？"

"想知道原因吗？那让我来告诉你吧！"老师说，"玛丽也曾有过一双和你一样光滑细嫩的双手。但她的父亲去世了，她需要帮助她的母亲支撑家庭，每天她都很忙碌。她要生火做饭，洗晒衣物，要用这双手去努力帮助自己穷困的母亲。她还用这双手为妹妹穿衣，有时候还为隔壁生病的小女孩洗头发。她富有同情心，善良地对待所有的动物。我曾看到她用那双又红又肿的手在街上轻轻抚摸疲劳的马和受伤的野狗。现在你明白，为什么玛丽的手是最美丽的了吗？"

"哦，罗娜老师！我对我刚说的话感到非常遗憾，也非常抱歉。"

凯瑟林羞愧地说。

"那么，亲爱的，那就通过你真诚的行动来表达你的懊悔吧！记住，心灵美才是真正的美。"罗娜老师认真地对凯瑟林说。

这时候，凯瑟林对老师说："老师，我想邀请玛丽后天晚上来参加我的生日晚会，并且和我共同演奏一曲。"

"我想，那一定是一首非常动人的旋律！"罗娜老师高兴地说。

凌薇，想必你已经明白了我的意思，青春期的女孩应该都能够感受到一种超越于外表的恒久美丽。妈妈的话并不是告诉你不要注意自己的外表，我们在日常的生活中需要注意自己的外表是否干净整洁、神态是否自然、仪表是否大方，一切只要简简单单就行，没有必要去进行刻意地打扮。"朴素则天下莫能与之争美"，简单朴素才更能够吸引别人的注意。如果一个女孩，她有很好的精神状态和优雅的品行，美丽就会自然溢出，会得到他人的尊敬和爱戴，这样的美丽可以经受住时间的考验，显示出真正的美丽来。难怪人们都说人是因为可爱才美丽。

在平时的生活中，每个人都不能不注重外表的美丽，但是也不要忘记，真正的美是从内心溢出来的。有一件衣服，可以穿得长长久久，而且越穿越美丽，那件衣服，就是一个女孩的优雅。

所以，当你明白了这个道理之后，凌薇，你就应该明白青少年时期的孩子没有必要刻意打扮、彩饰自己，只要举止合理、待人宽厚、善良真诚，别人就会认为你很美！

摆脱"镜子依赖症"

如果秋珊要一个人到野外去生存,随身必带的东西一定会是镜子。镜子是秋珊最亲密的伙伴,爱美之心人皆有啊,秋珊当然不例外。只不过,秋珊最近有点过分地爱照镜子了,有的时候会因为照镜子的时间太长而耽误上学的时间。

就拿今天早上来说吧,秋珊在洗脸的时候,发现在额头上长了一颗痘痘,天啊!这怎么得了!秋珊灵机一动,决定把刘海梳下来,这样一修理,就可以把痘痘隐藏在里面看不到了。等秋珊把刘海梳好以后,又照一下自己的新形象,哎,这样一点也不好看,本来自己的脸就是圆圆的,这样一弄之后就变得更圆了,活像一个樱桃小丸子。不行,这个样子绝对不行,到了学校要被同学笑死的。要不,还是把额头上的那颗痘痘露出来算了……

就这样,秋珊对着镜子左照照,右照照,直到妈妈过来喊她:"秋珊,你在里面已经十多分钟了,还要不要出来,难道你不上学了吗?"

妈妈的话提醒了秋珊:差点忘记要去上课哇!秋珊只好依依不舍地离开了镜子。

到了学校,上课的时候,秋珊依然惦记着自己的额头上的那颗"小痘痘",于是索性掏出随身携带的小镜子仔细地"端详"它,不知什么时候,老师来到了她的身边。

"秋珊，把镜子给我。"老师严厉地批评了秋珊，并且毫不留情地没收了她心爱的镜子。

唉！这些都是照镜子惹的祸。

可是尽管是这样，秋珊还是对照镜子特别的热衷，说真的，要是没有什么特别的"干扰"，秋珊保守估计，自己可以在镜子面前照上半个小时吧。秋珊是如此爱照镜子，以至于妈妈经常会半开玩笑地对她说："以后你就挎着镜子出门吧，走到哪里都可以照了。"呵呵，这倒是一个挺好的主意，就是有点太沉了。不过，秋珊的心里也嘀咕，是不是爱照镜子也是一种怪癖呢？传说中白雪公主的后妈就特别爱照镜子。

家长寄语

秋珊，正处在青春发育期的女孩。爱照镜子并不是什么大问题，但是任何行为都要有一个"度"。俗话说：女大十八变，越变越好看。爱美也要有一个限度，这也就是对环境的适应。你本身就有着青春期的自然美，每天只要干净整齐去上学，就已经很美了。即便是不照镜子，你的美丽也绝不会跑掉；但你不停地照镜子，并不会为你的美"加分"。

我们要考虑一个行为它的价值几何，如果是因为照镜子浪费了许多时间，分散了学习精力，又在不适当的场合照镜子受到非议，不仅会影响你的学习，也容易让别人对你产生偏见，这就会对你的公众形象"减分"了，你说这样是不是很不值得呀？妈妈建议你今后早上梳洗完毕，就不要带镜子去学校了。

青春期的女孩容易出现情绪上的不稳定，而且可能安全感比较差，或是对自己的某些缺点、劣势、幼稚等存在着担忧，这才是你总爱照镜子的真正原因。但只靠照镜子，并不能帮助你走向成熟，反而更显得你不自信和幼稚，所以，你必须积极调整自己的行为。有许多办法可以让你变得镇定和成熟起来。

有照镜子的工夫，不妨试试做下列活动：与同学聊天，参加体育、文娱活动，听音乐，朗读你喜欢的诗歌或小说；在课堂上专心听讲，认真做笔记，积极回答问题……

对于周围的其他女生，你应该多多观察，为什么别人不会像你一样那么爱照镜子？应多与同学交谈沟通，同学都可以给你帮助，同时也要多关心同学的喜怒哀乐，为集体、同学做一些自己力所能及的事情，会使你感到快乐和满足。

一个人要走向独立，就必须在同龄人群体中找到自己的位置，只有这样才能摆脱不自信的状态。

"青年心理学"中有一个理论认为：同龄人团体是青少年"心理断乳期"的"哺乳室"；也就是说，同学伙伴会告诉你怎样变得自信和自强。而"镜子"不会说话，并不能做你的"心理奶瓶"，反而会加重你的心理负担。"以人为镜"，才是你的唯一出路。

为什么老想照镜子？镜子能够告诉你什么？你为什么不能放下镜子？照镜子给你带来了什么？是好处还是坏处？什么时间、场合照镜子才合适？你要自己勇敢面对这些问题，认真思考，也应该敞开心扉，你的"镜子依赖症"便一定会不治自愈了。

最后，妈妈还建议你应该为自己制订一个时间表和计划表，让自己逐步建立起自信：

1. 要让自己逐渐减少照镜子的次数，保证外出的时候不带镜子，可每天做一个记录。

2. 转移注意力，探索尝试有益的"替代行为"，为他人和集体多做一些有意义的事情。

3. 强制自己摆脱对镜子的依赖，记录自己的心情和生活学习情况。

4. 最后让自己完全消除想照镜子的念头，像普通人一样自然地使用镜子。

安全度过青春叛逆期

小丝的老师在卫生课上讲过：青春期是女孩在成长过程中的一段"危险年龄"。

为什么这样说呢？

因为，首先，在进入青春期之后，很多同学的思想、情感和性意识开始萌动，但是又常常非常的不成熟，还不能很好地分辨是非、分清优劣，容易受到周围的人和环境的影响。如果一旦遭遇到不良的引导和蛊惑，很容易会接受错误的观点。

再有一点就是进入青春期之后的女孩会出现越来越强烈的独立意识，使女孩的逆反心理加强。在小丝的班上就有很多同学不愿意接受爸爸妈妈的管教，也不愿意与他们多交流，暴露自己的思想，甚至是故意去违背他们的意愿以示"反抗"，或者是以"隐私"为借口拒绝大人的指导和帮助。

女孩觉得自己长大了，总会时不时地自以为是，所以说进入了"危险年龄"。因为，一个涉世未深的孩子，本来对是非善恶没有太强的辨别能力，如果不愿意听从父母长辈的教导，那将是件危险的事情。

在小丝的同学当中就有这样的人，他们什么事情都不愿意和父母沟通，认为父母太唠叨，认为父母的观念过时了，认为父母过多的管束制约了他们的成长，这样的同学大部分脾气比较易怒，甚至在晚上彻夜不回家，家长都不知道他们去了哪里。

不过还好，小丝一般不怎么发脾气，小丝觉得自己有一个好妈妈，她还能在生活上给自己很多的帮助和指导，感谢都来不及，怎么可以发脾气呢？

家长寄语

小丝，很多女孩都会有这样的体验，进入了青春期就不再是"乖乖女"。青春期的情绪，有时像一轮冉冉升起的朝阳，总是充满着无限的活力、希望和快乐；有时又像一艘难以驾驭的航行在茫茫大海里的航船，随时都有遭遇风暴袭击的危险。很多女孩子进入青春期后不仅身体见长，脾气也见长，言语和行为上都有很大的改变，尤其是批评不得，常常不讲道理地乱发脾气。难以驾驭的情绪变化、冲动易怒的脾气和随之而来的烦闷心情，这不正是处于青春期的女孩们最典型的情绪特征吗？

从生理上来说，据国内外专家的研究，青少年性激素的分泌，比其性发育前增长了8~16倍。成长的加速度就是一种"生理能量"，同时有些孩子神经系统本来属于"强型"，例如，心理学中所说的"胆汁质"或"多血质"的气质类型，当然就更是"不由自主"地容易冲动了。从心理特征上来看，孩子进入青春期以后，成人感和独立意识渐渐成熟，所以这个时期的孩子们总是想在自己的事情上自己做主，想得到别人的理解和尊重。与此同时，日渐多元的社会文化和时尚观念无时无刻不吸引着成长中的女孩们。他们渴望参与精彩的社会生活，期望体验各种时髦的东西，常常会与父母、老师"对着干"。

一方面，"生理能量"如果没有健康的释放渠道，就可能转化为一种"心理行为能量"，正如平日所说的，"有劲没处使"，这种能力释放的破坏作用是非常危险的。冲动易怒、脾气暴躁是一种极其消极的情绪，这不仅对个人的身体健康、个性培养不利。而且也会对身边的朋友、亲人造成伤害，走向社会后更是影响着人际关系，影响着一个人的进步和成才。

相信青春期的你们也会有这样的烦恼——"总爱发脾气怎么办？"方法是多种多样的，只要你真的用心去尝试。

要勇于承认自己爱发脾气，以求得他人帮助。如果周围人经常提醒、监督你，那么你的坏情绪会得到抑制。同时，意识控制就是一种很好的方式。当情绪即将爆发之时，可以进行自我暗示，提醒自己保持理性，暗暗告诉自己"别发脾气，以免伤己伤人"。相信每一个有涵养的人都可以做到。更重要的是，凡事要将心比心、推己及人，如果任何事情你都能够站在对方的立场来想一想，那么你会觉得似乎没有理由再发脾气。另外，宽容永远是一种高贵的美德，当你能够做到"笑口常开""大肚能容"时,冲动易怒的坏毛病也就自然消失了。所以试着从现在开始,学会克制、学会宽容、告别冲动易怒的"小刺猬"吧!要相信,深厚的涵养足以使一个人获得良好的人际关系并赢得众人的尊重,也可以使一个人从此具有一种人格的魅力、一种高贵的光芒。

别太在意他人的评价

放学之后,顾兰闷闷不乐地回家了。妈妈看到顾兰这副样子,感到很奇怪。

"平时总是爱说爱笑的小女孩,今天怎么一脸的愁苦呢?遇到什么困难了?让妈妈来帮助你吧。"妈妈在一旁关切地询问、安慰和加油打气地对女儿说。

"妈妈,我从今天以后对自己再也没有自信了,原来我的缺点这么多。"顾兰说着说着,眼泪就快要掉下来了。

"怎么了?我们家的顾兰是个很好的小女孩啊!谁说顾兰不好啦?"妈妈看顾兰这个样子,更加纳闷了。

"是这样,今天评选三好学生,老师将名单贴在班上进行公示,让同学们踊跃地提出我的优点和缺点。结果,我得到了一大堆的缺点。"

顾兰把一张纸拿给妈妈看,那是同学们对顾兰的评价的所

有汇总:

优点:开朗喜欢笑,对同学很友善;勤奋好学,而且也刻苦努力;团结同学,从不会和同学吵架或闹别扭。

缺点:学习成绩不稳定,忽高忽低;对同学不够一视同仁;不能积极主动热情地帮助同学;有时打扫卫生不认真。

妈妈看了顾兰的那张评价之后,笑着说:"顾兰,你的优点也不少啊,你怎么没有看到?"

"他们说的优点我觉得都说得对啊,关键是他们给我提的缺点让我心里有点难过,原来在同学的眼中,我有这么多的毛病。"

"哦,我明白了。"妈妈笑着帮顾兰分析问题,"你也是只喜欢听好话的孩子吗?有一种小孩只喜欢听别人夸,不喜欢听别人说他的缺点,这样的孩子还会有进步吗?"听妈妈这样一讲,顾兰不好意思地笑了。

"如果你觉得别人对你的评价是对的,就应该虚心接受,即便是觉得他们说得不对,也要好好反思自己,是什么原因造成别人对自己的这种印象,这样想的话才不会辜负同学给你提的这些意见,对吗?"妈妈问顾兰。

"嗯。"顾兰点点头。

"不论别人如何评价我们,都不要对自己丧失信心。缺点是人人都会有的,不要因为别人的评价而丧失了对自己的自信,那损失就大了。"妈妈笑着对顾兰说。

听了妈妈的话,顾兰的心里不再难过了。

家长寄语

顾兰,驾驭自己就是要相信自己,对自己充满自信,永远保持一颗坚定的心,这样你的未来就会在你的掌控之中,那种前途未卜的庸人自扰的想法也就灰飞烟灭了,还有什么可担心的!

保持信心就如同争取名誉一样重要,信心是走向成功的最有力的保障。因为生活就是这样,有时决定你成败的不是能力的高低,而是你是否有信心,是否相信"我能行"。每个人的能力大小虽然各不相同,但如果一个人具有成功的信念,肯定会对他的能力产生影响。

生活中,一个缺乏信心的人,就如同一根受了潮的火柴,是不可能擦亮希望的火光的。在生活中,才能并不出众、表现平平、安分守己的人占大多数,但平凡不等于平庸,连古人都说"天生我材必有用",难道我们就那么在乎别人的眼光,只能坐以待毙等待别人的评价吗?

无论一个人多么聪明,多么有才华,如果他对自己的聪明才智不能给予肯定,没有一点自信,那么他实际上什么都没有,只不过是一个摆设而已。

任何一个成功的人都对自己的能力、实力等有一个准确的定位,他会对自己所具备的能力非常的自信,也有足够的能力说服自己、认可自己。

英国历史学家弗劳德说:"一棵树如果要结出果实,必须先在土壤里扎下根。同样,一个人首先需要学会依靠自己、尊重自己,不接受他人的施舍,不等待命运的馈赠。只有在这样的基础上,才可能做出成就。"

有一位书法家把自己的一幅佳作送到画廊里展出，他别出心裁地放了一支笔，并附言："观赏者如果认为这幅字有欠佳之处，请在画上做记号。"结果字面上标满了记号，几乎没有一处不被指责。过了几日，这位书法家又写了一张同样的作品拿去展出，不过这次附言与上次不同，他请每位观赏者将他们最为欣赏的妙笔都标上记号。当他再取回作品时，看到上面又被涂满了记号，原先被指责的地方，却都换上了赞美的标志。

这位书法家不受他人的操纵，所以在任何情况下，都不会迷失自己，都会有完全的自信。正像林润翰先生所言，他"自信而不自满，善听意见却不被其所左右，执着却不偏执"。

美国前总统罗纳德·里根曾立志要当总统，并相信自己一定可以成为总统。

从22岁到54岁，里根一直在文艺圈中，对于从政完全是陌生的，更没有什么经验可谈。但当机会到来时，共和党的保守派和一些富豪们竭力怂恿他竞选加州州长时，里根毅然决定放弃大半辈子赖以为生的原职业，坚决地投入到从政生涯中。最后，里根成为美国第39任总统。

天底下最难的事莫过于驾驭自己，这绝对是个很大的挑战，怎么才能不虚度一生呢？怎样才能知道自己选择了合适的职业或恰当的目标呢？与其让双亲、老师、朋友或经济学家为我们制定长远规划，还不如自己来了解一下我们"擅长"做什么。

明确了目标后，行动不可能是一帆风顺的，但是我们要学会适应，就是把困难作为正常的东西加以接受。生活中的逆境和失败，如果我们把它们作为正常的反馈来看待，就会帮助我们增强免疫力，防御那些有害的、具有负面影响的反应。

其实，驾驭自己最重要的是有勇气有自信改变自己的命运。

种瓜得瓜，种豆得豆，我们所得的报酬取决于我们所做的贡献。你一定会为自己在生活中的位置或者荣获赞誉或者蒙受耻辱。有责任心的人们关注的是那些束缚自己的枷锁，在关键时刻，宣告自己的独立。

从现在开始，把自己的命运掌控在自己的手中吧，做自己的主宰，用自己的奋斗营造自己的未来，这将是人生中最有意义、最有价值的一件事。

和男孩交往把握好尺度

尔容进入了青春期之后，可能是受到了电视剧的影响，和男孩的交往开始变得小心翼翼起来，一说话就脸红，而且语气也娇气了许多，连周围的同学都感觉有点发麻了。

"尔容，你的作业本呢？没有交？"科代表过来找她询问。

尔容看了他一眼，温柔地笑了一下："不好意思啊……嗯……"

课代表大概是着急往老师那里送："你到底带没带啊？什么时候能给我。"

尔容轻轻地说着："嗯……你等等，让我找一下。"说着，脸居然红了。

"快点，快点，还有五分钟就要打铃了。"科代表实在是着急了吧。

只见尔容用轻柔地动作在书包里翻了半天,结果什么也没有找到:"我好像没有带……"

"哎呀,明天带过来吧。"科代表说完之后,一溜烟地直奔老师的办公室。

也许是因为尔容太过于敏感,以至于很多男孩都不愿意理她。相比之下,她的好朋友小俊却和男孩在一起玩得很好。因为小俊总会表现得很自然,所以不会像尔容那样让人感觉不自在,在男生那边的口碑也不错,他们有事情都爱找小俊帮忙,比如说,篮球场上缺少一个替补队员。

"嘿嘿,小俊,你比较合适,没有合适的人选了,你上吧。"

"好啊,没问题。"小俊的大大咧咧,看上去很可爱。

家长寄语

尔容,女孩到了青春期,由于性生理的发展和逐渐成熟,性意识开始觉醒。在心理上强烈地意识到男女有别,意识到男女之间交往与同性之间的交往,无论在交往方式上,还是在交往的内容上,都会有许多不同。因而,不可避免地产生了对异性的一种朦胧的好奇心,渴望了解异性,不自觉就产生了对异性的一种青涩的爱恋之情。这时的女孩开始有意识地修饰自己的仪表,注意自己的谈吐,希望自己能够引起异性的注意,同时也对异性产生好感。我们在异性面前或是表现为热情、兴奋,用种种方式表现自己;或是表现慌乱、羞怯和不知所措,面对这一切,许多女孩都会表现出极大的不安。

这种变化是青春期异性之间相互吸引的表现，是一种正常的心理变化。到了一定的年龄，每个人都会产生与异性接近的欲望，这是人的一种情感需求，并不是病态，也并不可怕。

心理学家认为异性交往会有如下几点互补性：

1. 个性互补

单一的同性交往，远不如多和异性交往更能丰富人的个性。

心理学研究表明，社会中的个人，交往范围越广泛，和周围生活的联系越多样，他的社会关系就越深入，精神世界就越丰富，个性发展就越全面。尽管同性间的个性也存在着差异，但如果只和同性人交往，人的个性发展往往很狭隘，因为这种差异远不如异性间的个性差异明显和有意义。

2. 心理互励

心理学家发现，大多数人，尤其是青少年，都有心理上的"异性效应"，往往表现为有异性参加的活动，较之只有同性参加的活动，参加者一般会感到更愉快，干得也更起劲、更出色。这是因为，当有异性参加活动时，异性间心理接近的需要得到了满足，从而使人获得程度不同的愉悦感，从而激发出潜在的积极性和巨大的创造性。

3. 情感互慰

人际间的情感是极为丰富的，除了爱情之外，还有亲情、友情、同情、敬爱、恩情等。男女之间可以有不带爱情色彩的情感交流，它可以使人感受到温暖，达到心理上的平衡。在"异性效应"的作用下，这种情感的交流更为密切，能达到有效的情感互慰。

4. 智力互偿

研究表明，虽然人类智力的高低总体上没有性别差异，但男女之间的智力特质有所区别。以思维能力为例，男性比较擅长离奇、大胆的抽象逻辑思维，善于抽象和概括，更喜欢用综合的方式对待现实；女性则擅长于具体形象思维，比较感性，更适合处理以实践应用和形象思维为支撑的事情。通过异性交往，双方均可从对方那里取长补短，以促进自己的智力水平和学习、工作效率的提高。

但是，青春期的我们毕竟处于一个较为特殊的人生阶段。一个人的价值观、世界观基本上是在这一阶段成熟起来的。在此阶段，人的身心发育还不够完善，情感认识还不够理性，情绪掌控还不够稳定，很容易因为一时冲动而酿下苦果。那么，刚刚步入花季雨季的少女应该怎么做呢？

与异性交往，很重要的一点是互相尊重和理解。男女之间在气质、性格、身体、爱好等方面往往有着较大差异，只有彼此互相尊重和理解，异性友谊才能维持和发展。同时，不论男女，在交往过程中都不要过于随便。真正的异性朋友，自然可以堂堂正正地来往和接触。但毕竟有性别差异摆在那里，一举一动都要大方得体，不能过于随便，否则可能会伤害彼此和身边的其他人，有损友谊的牢固。

在交往的过程中要注意交往场所的选择。异性朋友单独相处时，要注意选择合适的场所，尽量不要在偏僻、昏暗处长谈。如果在房间里单独谈话，不要紧闭门窗。以免引起不必要的误会。

当然，在与异性交往时，特别重要的一点是要分清友谊与爱情的界限。友谊和爱情之间既有联系又有区别。人与人之间的爱情关系和友谊关系都是以彼此之间相互欣赏为基础的。友谊和爱情两者之间有严格的区别：首先是内涵不同。友谊是同学或朋友间的一种平等的、诚挚的、亲密的、互相依赖的关系。而爱情是一对男女之爱,并渴望对方成为自己终身伴侣的关系。其次是对象不同。友谊是广泛的交往,而爱情是在一对男女之间发生的。友谊可以通四海,朋友可以遍天下,人们可以和各种对象发展友谊。而爱情是男女之间的隐私之情,只能是真挚专一、忠贞不二,如果第三者加入,便会产生嫉妒心理和排除异己的行为。再次是要求不同。友谊关系中,主要承担道德义务。而爱情关系在双方缔结婚姻关系后,不仅承担道德义务,还要承担法律责任。异性朋友一定要注意,不要模糊两者的界限,否则不但会失去友谊,还会失去爱情。因此,与异性交往,要学会正确利用奇妙的"异性效应",学会彼此欣赏和相互学习,同时要尽量把握好交往的尺度,让自己身边多一些朋友。

青春可以不忧郁

涵涵这几天就像是一只病病歪歪的小动物,变得不像从前那样爱笑了。一向阳光的涵涵怎么突然抑郁了呢?是不是出了什么事情?

"涵涵,看你不是很高兴,你没什么事情吧。"同学蕾蕾关切地问她。

涵涵被蕾蕾这么一问,实话实说了:"我最近一直都挺好的,什么事情也没有发生。最近我在听电子音乐,都是很苍凉的那种,听上去很有沉重的感觉,可能是因为这个原因吧。"

确实,音乐确实能够改变一个人的情绪,看来涵涵的忧郁不是不正常的现象。

听涵涵这样一解释，蕾蕾松了一口气。

"其实涵涵，你可以试着听乡村音乐，那个调子比较欢快。"蕾蕾提出了建议。

"我那里有很多调子轻快的音乐，只不过沉重的音乐听起来更有感觉，没事的。"涵涵向蕾蕾解释说。

蕾蕾记得以前妈妈曾经教育过她"年轻人不可以有衰丧气"。正因为年轻，所以才应该是朝气勃勃的，如果一个年轻人总是暮气沉沉的样子，那是很忌讳的。所以，蕾蕾也习惯了高兴的样子，后来发现，一个习惯真的可以形成一种性格，因为一旦习惯了高兴，人就看上去很开朗。

蕾蕾觉得莫名其妙的多愁善感，难免会给周围的人造成压力。希望涵涵努力做个快乐的人吧。

家长寄语

林黛玉是忧郁的，也是美的，但是正是她的忧郁美，害得她在如花的年龄里过早地离开人世，留给后人无限的惋惜。

忧郁不独文学作品里有，在现实生活中，忧郁似乎更是如影随形。根据世界卫生组织的研究发现，平均每一百人中就有3人罹患抑郁症，其中因为抑郁症所带来的身体疾病，甚至自我毁灭的例子比比皆是。继癌症、艾滋病后，抑郁症已成世纪三大疾病之一。

很多女孩当遇到学业退步，与朋友吵架、和家人冲突时，都很容易有疏离感而导致抑郁。多数抑郁的女孩，或多或少会在言语、行动上露出蛛丝马迹，例如，觉得"我觉得没什么未来""生活不可能好起来了"；严重的甚至有"活着没意思""我不会再烦你了""没有我，你们会过得更好""我很希望一觉就不再醒来"。所以，当女孩突然写信、把心爱的东西送走、告诉朋友师长绝望想放弃的感觉、有自伤的行为、对药物或武器的来源突然感兴趣等状况，就有可能走入自我伤害的歧途。

抑郁症在西方社会被称为"精神上的流行性感冒"，其传播范围之广，受其影响之容易，可以从"流感"二字看出来。在东方社会，抑郁症也并不少见，尤其是中国人，性格内向，往往真实想法不愿暴露，宁愿被抑郁情绪折磨，也不愿找精神病专家进行心理咨询。如此发展下去，可由抑郁情绪跨入抑郁症患者的行列，有的人便以自杀了结。

如果你们持续两个星期以上表现出以下5个甚至更多的症状，你就需要就医或咨询心理健康专家了：

1. 心神不宁或急躁不安。
2. 躯体症状持续对治疗没有反应。
3. 注意力难以集中，记忆力下降，决策困难。
4. 疲劳或精神不振。
5. 持续的悲伤、焦虑，或头脑空白。
6. 睡眠过多或过少。
7. 体重减轻，食欲减退。
8. 失去活动的快乐和兴趣。
9. 感到内疚、无望或者自身毫无价值。
10. 出现自杀或死亡的想法。

忧郁是成功之路上最不受欢迎的敌人，它是悲观的孪生姐妹。一个人整天沉浸在忧郁的阴影中，还有什么乐观、积极向上的心态去追求成功呢？最重要的就是不要去看远方模糊的幻象，而要做手边清楚的事。

忧郁是一道无形的网，它不仅网住了你的思想，还网住了你的行动。如果你心中梦想的是成功，那么请你尽快地走出忧郁的低谷。

这里介绍几种帮助青春期女孩走出忧郁的方法：

1. 问你自己：可能发生的最坏情况是什么？如果你必须接受的话，就准备接受它。然后想办法改善它。

2. 忧郁的人往往变得邋遢，你应反其道而行之。服装整洁，理理发，洗个澡，多对自己笑一笑。

3. 反复地说出自己的名字，给自己打气。说："这没有什么了不起！"这是一种积极有效的心理暗示术。

4. 尝试着改变交往的对象，结识新朋友。

5. 多做做自己感兴趣的事，如跑步、唱歌、听音乐等。

帮助别人，做一些公益性的事。你将会找回自我的价值，感受到生活中有比个人忧愁更为重要的事。

还有其他一些方法，例如，让自己忙碌。卡耐基说，忧郁的人一定要让自己沉浸在自己喜爱的事情和工作里，否则只有在绝望中挣扎。

青春期的女孩正如含苞待放的花朵，应该享受的是阳光的照耀。不要让忧郁蒙住了自己的眼睛，尝试走出忧郁的沼泽地，你会收获温暖的快乐，温暖的美丽。

真正的爱情是什么

晓晴早上来到学校，看到班上的同学一阵骚动，难道有什么事情发生吗？同学示意她看了一眼黑板，上面写着"某某，我爱你。"

原来如此，再看看那个女生，她的脸上一阵欣喜，向大家骄傲地炫耀这一切。

"啊！实在是太浪漫了，太动人了！"晓晴掩饰不住内心的激动，相信她一定也很希望这一幕在她的身上上演吧。

回到家，晓晴和妈妈提到了今天的这些事，妈妈却说道："你们这群孩子，你们懂得什么是爱吗？简直是瞎胡闹。"

"为什么？那个男孩可以在黑板上把自己的想法写出来，还让全班的同学都看到的，这是多么需要勇气啊！"晓晴跟妈妈提出异议。

"不管是喜欢，还是爱，那是两个人的事情，没有必要向其他的人炫耀。晓晴你觉得呢？而且，很多时候我们都会对爱有一种认识的误区，以为对某人有了朦胧的好感就是爱，其实是错误的。你想，两个人根本就没有什么了解，就爱了，这不是很草率吗？这样的爱，不过是自己一时情绪上的波动，不会持续太长的时间。你们现在正是学习的大好时候，不要把心思都用在这些方面。"

听了妈妈的话，晓晴感到很汗颜，是啊，"爱"是一个多么沉重的字,怎么可以随随便便就说出来呢?

妈妈接着告诉晓晴说:"其实我认为,你们现在小小的年纪,虽然说对异性有好感比较正常,但是却实在不适合谈论爱这个字,因为爱字不仅仅包括两个人彼此的好感,还包含着很多的责任和承担,你们现在太小,根本没有能力去爱。还是把心思都放在学习上,是最好的。"

晓晴明白了,爱,不是可以随便说说的。

家长寄语

晓晴,爱是需要证明的,但爱用什么去证明最有说服力呢?也许你会认为最浪漫的就是拥吻吧,而且最好是当街的那种,众目睽睽之下的那种,这样才足够真诚。太多的小说或电影,描述了这样的场景——女孩慢慢闭上眼睛,微仰着头,男孩缓缓俯下,镜头拉近,之后,男孩特温柔地说:"这就是我的证明!是我对你的爱的证明!"

人是很脆弱的,没有办法抵挡这种浪漫感觉的诱惑。但是用拥吻来证明爱,实在是太乏力了。当街拥吻,是要告诉别人,你们是很相爱的。可是你们是否相爱,只有你们明白,用不着别人评点。如今情侣之间,转瞬之间的分分合合太正常了,拥吻能代表的东西实在太少太少。

那到底什么可以证明真正的爱呢?也许是时间。两个人的世界,会有争吵,会有矛盾,会有伤害,会有坎坷,也许相爱的人会受到诱惑,会遭到信任的危机,会有对人生的困惑,事业上会遭到打击不顺,生活上会有种种的压力和责任,但是两个人不会退缩和逃避,而会手牵手走到最后。当我们看到两个老人相濡以沫,白头到老,忠贞不渝时,我们发现,这是时间给爱证明的证词。但是我们不能等到老成那样才弄明白这到底是不是一份真正的爱。在实际的生活里,两个人是否能够做到换位思考,互相体贴,这非常重要。我们可以从很多很多的细节中感知到爱真诚与否。我们很容易发现,两个人在争吵的时候,开口的第一个字往往是我,而不是我们,其实这是对感情最大的伤害。如果做到始终从"我们"的角度,而不是从"我"的角度思考问题,那么爱情就会变得更加真实一些。

到底什么能证明爱呢?也许网上盛传的"两只小猪的爱情故事"可以解答这个问题。

从前有两只小猪,它们很幸福地生活在一起。渐渐的,公猪爱上了母猪,从此以后凡事处处都让着母猪——吃饭会等母猪完吃了再吃剩下的,喝水也是等母猪先喝了再喝,睡觉也一样,最好的位置让给母猪,夏天为母猪驱蚊,冬天给母猪遮风,母猪开始变得肥胖起来,而公猪只剩一副骨头架子。一天,主人带着收猪的来到了猪圈,指着圆滚滚的母猪对收猪地说:"等过了元旦,我把这头肥猪卖给你。"听到这话,公猪开始急了,这可是它的爱人啊!于是从这天开始,公猪对母猪的态度开始变了,食来就抢先吃了,该睡觉了,首先占据好的位置,让母猪吹风淋雨,慢慢地,母猪开始消瘦下去,而公猪开始肥胖起来。母猪觉得公猪变了,不爱它了。

主人约好的时间到了,带着收猪的来到了猪圈。结果看到的是肥胖的公猪,最后把公猪带走了,母猪拼命地想要冲出去拦下公猪,但这只是徒劳。无意中,母猪回头,看到了旁边的一行字,终于明白了公猪的良苦用心,眼泪顿时夺眶而出!墙上的那句话是:"如果爱情不能用言语来表达,我愿意用生命来证明!"

青春期的女生要知道,爱情是需要爱的行动来证明的!

偷偷喜欢自己的男老师,怎么办

新来的体育老师姓牛,第一节课的时候就向同学们做自我介绍:"大家好,我就是牛老师。"雅容在下面接个下茬:"有没有猪老师呢?"

不过这个牛老师长得很帅,不单是某个学生这样认为,这可是全班同学一致公认的:他的肩膀宽宽的,个子高高的,穿着天蓝色的运动衫,胸前垂着哨子,手里托着篮球,那样子实在是潇洒。连班上的男生都惊呼:"哇!帅哥。"

这位牛老师脾气非常的温和,站在列队前,总是向大家微笑,他笑得那么自然、那么亲切,立刻拉近了他与同学之间的距离。

在篮球课上,他一遍一遍地教给大家做运球、投篮的示范动作,他健美的身姿,实在令人着迷。之前雅容从来都没有摸过篮球,所以在练习的时候笨手笨脚的,牛老师耐心地帮助她纠正动作。以后的课余时间,这位牛老师经常成为全班女生的谈论话题:"牛老师的气质,就像是《灌篮高手》里的樱木花道。"

"他也有点像是流川枫。"同学们说什么的都有。

"不过在我的心中,牛老师就是牛老师,即便是樱木花道和流川枫，都比不上我的牛老师啊！"雅容认真地说道。

雅容的伙伴们早就发现雅容特别喜欢谈论牛老师，问她："雅容，你是不是喜欢牛老师？"

"你们不也很喜欢吗？我只是和你们一样的喜欢而已。"虽然雅容的口头上没有承认，但是在心里已经肯定了，牛老师的一切在雅容的眼里都是那样的完美。只是雅容不知道牛老师是否也同样喜欢自己呢？

家长寄语

雅容，对年轻、有风度的异性老师产生爱慕之情，这是可以理解的，他也许是第一个闯入你心房的具有很大吸引力的年轻男子，与周围的男同学相比他肯定要出色很多。你对他产生好感，是十分正常的心理现象。

然而，坦率地讲，你的这种爱慕之情并不一定是真正的爱情，换句话说，这只是一种对异性，尤其是对优秀异性的一种朦胧的好感，在这一个年龄段的青春期女孩，常常表现出既成熟又幼稚，既清醒又迷糊，既狂热又消沉的矛盾心理，并开始把目光更多地集中在异性的身上，憧憬着梦幻般甜美的爱情生活，但是，这时候的你对于什么是真正的爱情却知之甚少。

爱情是双向的感情投入，爱情不能仅凭感情，还要有思想、道德、学识、性格、气质、习惯、甚至家庭影响等很多方面的考虑，而且需要处理很复杂的人际关系。作为一个学生，你现在能驾驭这么多吗？所以，最明智的选择是及时控制自己的感情，不妨先将这段美好的感情沉积在心底，等你长大之后，随着你眼界的开阔、知识的增长、你会渐渐走向成熟，你会把这段美好的感情作为人生一段珍贵的回忆。

也许你会感到很难控制你的感情，这是肯定的。建议你从以下几点入手试试：

1.改变环境。尽量避开与老师单独相处的机会，多参与体育活动，多与同学们在一起，将自己融入集体，就不会更多地沉溺于个人的感情之中了。

2.转移感情。发展自己的兴趣爱好，课余时间多读课外读物，参加各种体育活动，多做些社会工作，将自己的生活充实起来，你将会发现一个更加广阔的充满生机的天地，自然也易于从缠绵中摆脱出来。可以在周末的时候约上好朋友，投身到山清水秀的大自然中去，让轻轻的风、柔柔的水、波涛汹涌的海和层峦叠嶂的山启示你人生的丰富多彩，帮助你走出迷茫。

最后，我想，人生最可贵的就是拥有理智，希望你能够理智地控制自己的感情，收获美好的未来。

第三章

给需要关心呵护的你

谨防电话诈骗

那天晚上,梦露和妈妈正在客厅聊天,忽然听到妈妈的手机响了一下就挂断了。

"妈妈,有人打您的电话,我帮您把手机拿过来吧。"梦露说着就跑去把手机拿了过来。

妈妈看看手机上的号码:"奇怪,这个号很陌生,不认识啊。"

"妈妈,您给打回去问问不就知道了吗?"梦露对妈妈说道。

妈妈笑了一下对她说:"梦露,不用理会,这很有可能是诈骗电话。"

"啊?"梦露听了一愣,"怎么电话还会有诈骗呢?"

"嗯,不信,我们可以上网查查这个号码的归属地,一定是外地的。"结果梦露和妈妈上网输入这个号码一查,果然显示的是广东潮州。

"这种电话诈骗的方式是拨通其他手机的电话,然后响两秒钟就会挂断,不知情的人一旦回拨过去,就要交高额的电话费。"

啊!原来是诈骗!

妈妈接着说:"利用电话诈骗的方式有很多,而且防不胜防,最好的方式就是不要相信陌生人的来电,如果遇到状况及时通知家长,就可以避免受骗。"

家长寄语

　　手机在现代社会已经得到普遍应用,而手机短信更是人们互相联络的得力助手。可是,手机短信中存在着诸多安全隐患,很多不怀好意的人往往会通过发送诈骗短信来牟取钱财。因此,常与手机短信打交道的女孩们一定要提高警惕,防止自己掉入不法分子的短信陷阱里。梦露,妈妈想向你介绍一些常见的电话诈骗方式:

　　骗术一:"手机号为13*********,您的朋友为您点播了一首歌曲,以此表达他的思念和祝福,请您拨打9****收听。"遇到这种情况,你最好不要拨回电话接听歌曲,因为这样很有可能会给你带来高额话费。

　　骗术二:听到铃声响起,一旦你接听,电话会马上挂断。当你按照号码回拨后,听到的可能是这样一段电话录音:"欢迎您致电澳门六合彩……澳门中心竭诚为广大彩民爱好者提供信息,透露密码。联系电话1395983****。"遇到这种情况,你也一定不要回拨,因为这是以非法"六合彩"招揽客人,如果你回拨电话,既可能会损失话费,又很容易上当受骗。

　　骗术三:"您好,移动通信公司现在将对您的手机进行线路检测,请您暂时关闭手机3个小时。"此种情形很可能是机主因为某种原因泄露了家庭电话号码,行骗者可能会在机主关机的时候,以"要求汇款"等事由诈骗事主的家人和朋友。所以,要格外留意,防止上当受骗。

　　骗术四:当你收到开头为0941或0951的未接来电,一回拨即收费 500 元。因为这是典型的利用 0941、0951 加值型的付费电话。对此种来电，你一定要格外小心。

而黑短信诈骗通常会采取以下 4 个步骤：

1. 首先发送虚假消费短信，提示你"您在某地刷卡消费多少多少元，如有疑问，请拨打某某银行信用卡服务部电话查询"。

2. 当你按提示电话号码回拨，接电话人会自称是某个银行工作人员，谎称你的卡出了问题，并指示你按其所提示步骤将钱转入所谓保密账户。

3. 这时你很可能会按照"银行工作人员"所提示的步骤，将所持卡上的钱转入所谓"保密账户"。

4. 通过电话获得受害者的卡号和密码后，不法分子会迅速将你卡上的所余金额转走。

刚刚步入青春期的女孩会相对缺乏社会经验，而彼此间的联系又多是通过手机或手机短信进行的，这就给那些不法分子提供了很多可乘之机，这就需要在平时注意提高警惕，面对这些手机或短信诈骗，要提高自己的防护能力。

学会正确地说"不"

在很长的时间里，雪莉都有过这样的困扰：她从来都不懂得如何拒绝，不知道这算不算是自己的缺点，只要是别人向她提出要求，在雪莉力所能及的范围之内，她都会毫不犹豫地应允。

有时雪莉觉得自己太过于软弱，也有可能是因为她太过于在乎别人的感受，所以在面对别人的请求时，她总是不忍心说"不"。即便别人提出什么无理的要求，她也会一口答应，事后往往又特别后悔，对此，雪莉的心中也是充满了矛盾，而且曾经不止一次要下决心拒绝别人，可每次面对别人求助的目光，她又一次次地退缩了。

　　有的时候，她会与妈妈倾诉自己的痛苦，而妈妈每次都会给她这样的回答："乐于助人是很好的习惯，但是你也要有你自己的原则啊。有的时候，学会拒绝别人，这是一种技巧。不应该答应别人的事，就要毫不犹豫地拒绝。不是说宽容就是无限制地迁就别人，哪里有这种道理呢？"

　　"嗯。"雪莉觉得妈妈说的是正确的，觉得有必要试图改变自己，按照妈妈的忠告来处理事情，可是成效往往不大。不过，终于有一天，她做到了，她拒绝了一个别人的无理请求。虽然它暂时会给雪莉带来烦恼，但她还是觉得自己做对了。

　　"雪莉，快点把你的作业本给我，我看一道题目。"旁边的同学从她的身边走过，还没有等雪莉来得及反应，那个同学就已经把雪莉的作业本拿走了。

　　雪莉本心不想把作业借给那位同学抄，真的，那个女生实在是太笨了，每次抄雪莉的作业总是抄得一模一样，连稍稍的改动都没有，老师总是一眼就能看出来。

　　"咦，等等，等等，我还有道题目没有写完。"用这种方法，雪莉委婉地把作业本要了过来。都是好伙伴，怎么可以直接向人家说"不借"呢？

雪莉似乎能够感觉到了那位同学的焦急和沮丧。这时，妈妈的那些嘱咐又在她的耳边响起，她深吸了一口气，终于鼓起勇气，咬了咬牙对那位同学说："没关系，其实这些作业很好写，你等我的时间自己就做完了，不信你试试看。"那个同学听出了雪莉话里的意思，觉得很失望，又跑到别的地方借作业本去了。

雪莉相信这只是暂时的，她相信早晚有一天，那位同学会明白她的一片心意，她真的是善意。想到这里，雪莉心中的包袱终于卸了下来，这种无愧于心的感觉真好，一下就变得轻松了。

后来，再遇到别的同学提出什么不合理的要求，雪莉都可以很大方地婉言拒绝了。其实刚开始的那些阶段很难熬，因为她的拒绝在别人的眼中是无情的，有的朋友还因此渐渐疏远雪莉，让她感觉有点孤单。但经过了这次借作业本事件之后，雪莉的决心也越来越坚定，她想，真正的朋友是不会因为合理的拒绝而疏远自己的。

正像妈妈告诉她的那样："拒绝不是每个人都可以做得到的，因为委婉的拒绝也需要很大的勇气。拒绝有时不是冷漠，不是生硬，也不是不近人情，相反，它是善意，是智慧的体现。"

学会了拒绝，改变了自己的优柔寡断。生活仿佛变得有滋味了，并且对于自己也更加自信。

家长寄语

　　雪莉，随着你逐渐地长大，人际交往也会越来越频繁，人与人之间也免不了互相照应，助人为乐当然是人的美德。但是，面对所有人的请求，难道你都要答应吗？

　　如果有同学在考试的时候想让你帮助他作弊，你要答应吗？如果有同学想侥幸地不写作业，通过抄袭来蒙骗老师，你要答应吗？有的同学找你借钱去打游戏，你要答应他吗？这些事情的背后都会关系到你是否助长了不正的风气，所以需要你的细心体会。

　　说真的，拒绝别人实在不是一件容易的事。可能在你想要拒绝对方的时候，会感到不好意思，所以不敢直白地拒绝，甚至使对方摸不清自己的意思，产生许多不必要的误会，同时也容易给自己心理造成压抑。

　　学会拒绝，是人际关系中的重要一环，我很高兴的是，你已经走出了学会拒绝的第一步。

　　还想提醒你的是，在帮助别人的前提下要考虑自己的能力是否能达到。

　　在现实生活中，万能的人是不存在的。尽管你的心肠很好，而当他人有求于你的时候，你也只能遵循量力而行的原则，不可以为了帮助他人而给自己找麻烦。如果这件事情你办不到，也不一定能办得好，在这种情况下就要想办法拒绝，而并不是要硬着头皮接受下来。人们都有这样的一个普遍的心理，当自己的求助被对方接受的时候，也就寄希望在对方的身上。只要你对对方求助的事自知力不能及又不加拒绝，勉为其难，这样不仅会给自己带来种种的麻烦和困扰，还会因为无法把事情办好而耽误对方。

勉为其难，本来是出于怕得罪人或者是逞能，结果没有把所接受的事情办好，这样的效果岂不是更糟糕吗？不仅自己觉得没有面子，反而会给人留下"吹牛""自夸"的不良印象吗？

因此，当他人有求于你的时候，你必须要有自知之明，力所不能及的事情一定要果断、诚实地加以拒绝。这样不仅可以给自己减少麻烦，而且也是对他人负责，以便让对方另找途径解决。

当然，拒绝也要讲究艺术。人家满怀希望、带着自信而来，你却只给人家一个"不"字，岂不是给人家泼冷水？

妈妈认为，比较好的拒绝方法，还是以诚相告，把话说清楚了，让对方明白你对这件事情确实是无能为力。如果在你坦白了自己"无能为力"之后，能够给他推荐一两个可以帮助他的人，那就更好了。这样的拒绝，好在以诚相告，真实而不虚伪。

谨慎面对敲门

"当当当——"屋外有人敲门，但却不说话。

"是谁？"妮妮问了一句，当时屋里只有妮妮一个人，可是外面没有人搭话。

那个神秘的人拧开了妮妮家的防盗门，直接敲妮妮家的木门。

糟了，妮妮这才想起来妈妈出去的时候她忘记了锁防盗门。

"当当当——"声音听起来这样刺耳。可是这个人到底是谁啊？妮妮躲在屋里，有点害怕了。她再次鼓起勇气大喊一声："你到底是谁啊?"

可奇怪的是外面的那个人仍然不说话。

妮妮心想让他在外面敲门吧,不理他就是了。

可是,如果这个人把家里的门撬开了怎么办?妮妮一个人在屋里,越想越害怕。情急之下,妮妮马上拨通了妈妈的电话:

"妈妈……防盗门没有锁……有个人在一直敲门不说话……我害怕……他在撬门。"

"妮妮,你冷静一点,我就在楼下,马上回家。"

原来,妈妈就正在回家的路上,而且确切地说就在楼下,妮妮心里一下踏实了,跑到门口听听一会儿妈妈会和那个神秘的人说什么。

"请问您找谁?"不一会儿,妮妮就听到了外面妈妈的声音。

那个人依旧不说话,不知在外面做什么,然后就走了。

妈妈在外面喊:"妮妮开门吧。"

妮妮打开门,马上就问妈妈:"刚才外面的那个是个什么人,吓死我了。"

"他是个聋哑人,而且看样子是从很贫穷的地方来,只是想讨一点钱,没有别的恶意。"妈妈向妮妮说道,"不过,妮妮你这样做是对的,对待陌生人一定要多几分防备才行。害人之心不可有,防人之心不可无啊。"

家长寄语

"小妹妹,我是修水表的,你爸妈打电话让我现在过来,给我开门吧。"

"小同学,你看,我手机没电了,我又急着找我儿子,他在上大学,我找他有急事,你手机借我用一下行吗?用完了就还你。"

很多情况下,我们往往是不假思索地就相信了对方,开了门、递给对方手机,而却没有意识到要保护自己,这不能不说明我们自我保护意识太过于薄弱。

我们一定要时刻提高警惕,并增强观察、识别能力,不被坏人的甜言蜜语所迷惑,谨防上当受骗。

不光如此,我们还要学会在适当的时机与歹徒巧妙周旋、斗智斗勇,尽力保护自己,以增强感性认识和自我保护能力。如何帮助自己树立强烈的自我保护意识并尽可能地实行自我保护呢?不妨从以下几个方面做起:

1. 遇事要冷静,不要让所谓的哥们义气害了自己,也害了朋友。学会拒绝不正当要求,坚决不与坏人同流合污。

2. 不要随意泄露个人及家庭情况,以免被不法分子利用。

3. 独自在家时,不要给陌生人开门。如有人撬门爬窗,应立即大声呼救或打电话报警。

4. 平时尽可能多地学一些法律知识,学会用法律武器保护自己的合法权利。

5. 遭到严重暴力侵害时如绑架、劫持、伤害等,一般不要与其硬拼,但更不要吓得不知所措,屈服于恶势力。这时要镇静、机智地与之周旋,以寻找机会脱身并报警。

生活有美好、阳光的一面，但生活中也处处存在着危险。我们正处于成长时期，阅历相对简单，社会经验相对不足，鉴别是非的能力也较弱，所以更应该加强自我保护意识，从而将伤害降低到最小。

自己的东西要看管好

今天馨馨和媛媛一起出门，经历了惊险的一幕。

两个人在公交车上原本是有说有笑，这时馨馨突然发现旁边有一个人把手悄悄地伸进了媛媛的包里，而媛媛却毫无察觉，继续和馨馨有说有笑。

馨馨很着急，用眼神向媛媛示意，可是媛媛并没有留心注意，继续讲那个她认为很好笑的故事。

她怎么还没有反应？馨馨一着急，拉了她一下："媛媛，我们站这边。"可是媛媛丝毫没有猜到馨馨的意思，还在接着讲她的故事。

"媛媛，你的包……"馨馨无奈之下，面对这个木讷的伙伴，只好当面揭穿。如果再不说破的话，估计媛媛包里的东西就要被人顺走了。

媛媛这下才意识到，回过头看了一眼，好家伙，那个人已经翻到了钱包，正在往外拿了。媛媛狠狠地瞪着他："你……"

"看什么看，有什么好看的，哼！"那个人眼看阴谋没有得逞，居然理直气壮地把媛媛训了一通,似乎媛媛是个贼……

家长寄语

现在人们的生活条件普遍优越,一个十几岁的女孩,往往都会拥有几件比较大件的贵重物品。在携带物品外出的时候,就要防止他人的抢夺或是盗窃。千万不要以为在白天就没事了,那样的想法只能说是侥幸心理的作怪,培养自己的防范意识才是最安全的。

如果是把财物放在包中外出,要尽量做到包不离身,包不离手。最好是把包挎在身上,如果是不能斜挎的侧背包,要用手捂住包或用手臂夹住包。如果是手提包,就要紧紧地抓住包,不要松手,防止歹徒趁人不备把包抢走。

骑自行车外出,如果是把包放在车筐里,要记得把包带缠牢在车把上。假如发现了车轮出现故障转不动,首先要把车筐里的包抓在手上,然后检查车轮故障,防止坏人趁机拿走你的包。

贵重物品的最佳保管方法还是锁在抽屉、柜子里,这样可以最大限度地防止顺手牵羊或者是乘虚而入者盗走。如果是长时间离开学校,应该将贵重物品随身带走或者是找个可靠的人保管,最好不要留在寝室。如果是住在学校宿舍一楼,睡前应该将现金及贵重物品锁入抽屉,防止被人从窗外"钓鱼"钩走。寝室的门也最好能换上保险锁,比较容易翻越的窗户应该加护栏,门钥匙不要随便乱放或丢失。在价值较高的贵重物品、衣物上,最好有意识做一些特殊记号,即使被偷走,将来找回的可能性也要更大一些。

现金最好的保管办法还是存入银行。尤其是数额较大的要及时存入,千万不能怕麻烦。不过,我们正处在上学的年龄,完全没有必要带太多的现金,所以用不到的钱还是放在家里或者交给父母最为安全。

路遇抢劫须镇静

这一天美林独自一人走在回家的路上,突然有一个大汉横在她面前,挡住了美林的去路,大汉对她说:"把你的钱全部都掏出来。"美林心里不禁有点后怕,自己只是一个学生,能够有什么钱呢?看到大汉一脸杀气的样子,美林支支吾吾地说:"我……没有钱。"

而大汉并不吃这一套,他不由分说,直接抢过美林的书包,利索地翻了起来,拿走了美林钱包里的所有零钱,还有爸爸新给美林新买的电子词典。

抢劫结束之后,大汉冷冷地对美林说:"孩子,今天算你倒霉,回家去吧。"然后把书包往地上一扔,就跑没影了。

美林心里又害怕又难过,两腿发软,一路跑回了家。到了家之后,就把这件事情从头到尾和妈妈说了一遍。

"天啊!我的孩子,你没有什么事吧?"妈妈关切地问美林,可能是怕她受到惊吓,不住地摸她的头。

"没事。他把我的钱还有电子词典抢走了。"美林向妈妈抱怨。

"美林,你是不是走的地方很背静,很偏僻?"妈妈问道。

"嗯,是走了另一条路。"

"他的容貌特征,你有记住吗?走,妈妈现在带你去报警。"妈妈说着,带着美林去了派出所。

家长寄语

美林,遇到歹徒的时候,你千万不要慌张,首先要冷静地分析一下歹徒的目的。如果他们要的是钱,先给他们,同时仔细记下歹徒的相貌、身高、口音、衣着、逃离方向等,事后立即向民警或公安部门报告。

如果遇到凶恶、带有杀机的歹徒,自己又无法脱离危险,就一定要奋力反抗,免受伤害。反抗时,要大声呼喊以震慑歹徒;动作要突然迅速,打击歹徒的要害部位,在此过程中要不断寻找脱身机会。应切记,不到迫不得已时不要轻易与歹徒发生正面冲突,最重要的是要运用智慧,急中生智,随机应变。

在放学回家的路上要提高警惕。要做到:路上不单独行动,尽量结伴而行;路上不要多耽搁;不去偏僻的地方;不走人迹稀少的小路。

还有在平时,我们应该多了解一些自护知识,以备不时之需。

1.如歹徒拦住你的去路,千万不能惊慌失措,应迅速判明歹徒的身体状况和周围的环境条件,再确定防卫方法。

2.学会"呼救脱身法""周旋脱身法""恐吓脱身法""对犯罪分子进行说服教育法"等脱险方法。

3.若歹徒是迎面而来,等到歹徒靠近后,猛地提起膝盖向他胯下猛撞;亦可迅速抬起并拢的手掌直击其喉头。乘他慌张之机,就可立即逃跑。

4.面对迎面而来的歹徒,迅速丢下手中的物品,两指成"V"形,直插歹徒的眼睛。

5.若歹徒从后面突然勒住你的脖子,并试图抓你右手时,你可微微转身,并以腾出的左手猛力向歹徒肋骨撞去,待其松手时,立即逃跑。若前一招没有使歹徒松手,你可迅速改变招式,用力踩歹徒的脚面,或狠踢其小腿骨,待他松手时,可马上逃跑。也可握紧拳头,举起手臂,用力向后撞击其腹部,使他喘不过气来,待他松手时,自己便可脱身逃跑。

6.伞和其他长的硬物都是很好的自卫武器。当歹徒靠近时,可用双手紧握雨伞,用伞尖猛击匪徒的胯下,或猛刺他的脸部,乘他疼痛难忍之机,迅速逃跑。

走路也要讲究安全

那天夏寒和同伴一起去公园玩耍,走到一个路段的时候走不过去了,上面写了一个牌子"前方施工,请绕行"。

"唉!真麻烦,我们要是绕行的话,就走得远了。"夏寒无奈地抱怨道。

夏寒的同伴一拍脑袋瓜:"我想起来了,要不这样,我们顺着下面的河走吧,能少走很多路。"

"这样会不会比较危险?"夏寒担心地问道。

"不会，即便掉下去也没关系啊，我们一定再把你拉上来，不会不管你的。"同伴冲着夏寒一脸的坏笑。

"不好，不好，我们还是绕远走吧。"夏寒实在是不敢走河边，如果不小心掉下去呢。

"夏寒，如果我们抄近道的话，可以提前半个小时到公园，你将就下，我们走河边吧。"同伴一个劲地怂恿我。

夏寒实在是感到很为难，最后同伴也不好再为难她，还是决定重新选择了一条安全的路。

家长寄语

夏寒，也许你忽视了这一点呢，其实在走路的过程中也是要注意安全的。在走路的时候，要选择平整、坚实、安全的道路行走，尤其是在晚间走路的时候更要小心，不要为了急于赶时间而抄近道，也不要为了图省事而行走坎坷不平的路，或者是跨越小溪赶路，甚至在冬天的时候在冰上走路，这样的做法都是非常危险的，因为在这样的地方走路，容易跌倒摔跤，掉入水中，沉入河底，危及生命。

还有些女孩，在路上与伙伴行走的时候喜欢追逐打闹，这样的做法也是很危险的。因为在打闹的过程中，注意力就不能集中，所以极容易发生失足摔跤、皮肉受伤、甚至发生骨折、亡命等不安全问题。

现在学生上学和放学大都是在清晨和傍晚，而这两个时间段人流量少，有一些违法犯罪分子就抓住这个时间，往往乘机实施拦路抢劫等暴力犯罪。这类案件在农村的发生率会更高一些。

犯罪分子实施此类犯罪，一般有两种手段：一种是尾随伺机下手；另一种则是在某个固定地点守候，一旦目标出现就立即采取袭击。对于第一种犯罪，一般来说比较好对付，当发现有形迹可疑的人一直尾随你的话，你可以走到人群密集的地方，然后停下来对尾随者大喊一声："你想干什么？"尾随者因做贼心虚，一般都会撒腿而逃，否则也会引起周围的成年人的警觉和干预。对于第二种犯罪手段，如果一旦遭遇到歹徒的袭击，首先应保持冷静，不要惊慌失措；要善于观察，如果发现周围有砖头、木棍之类的东西，可以捡起来作为自卫武器震慑对方；假如你觉得自己年幼力薄，那么应该尽量记住歹徒的体貌特征，以便事后向公安机关侦破提供线索。当然，这只是不得已的情况下采取的自卫手段，如果能做到防患于未然就更好了。

怎样做到防患于未然呢？一般说来，女孩子最好不要在夜间出行，如果有事一定要出行，也应该结伴而行。如果不得不独自夜行，那么千万不要贪近而走乡间小道，因为一些惨无人道的奸淫案常常发生在这些人烟稀少的地方。如果是在夏天夜行，要尽量选择路灯较亮、行人较多的道路行走，最好也是结伴而行。

网购会上瘾也会上当

"我遇到骗子啦。"平时最文静的诗珊慌慌张张地跑了过来，一副六神无主的样子。

"诗珊，你怎么了？"同伴不禁好奇地问她道，"你先静一静，不要慌张。"一边说着一边安抚诗珊的情绪。

原来，诗珊那天逛了逛网上商店，结果发现了一部心仪已久的摩托罗拉 V3 手机，而且标价只有 800 元，这样令人心动的价格让诗珊高兴得手舞足蹈，她二话不说当即就订购了一台。

由于诗珊平时早已习惯了网上购物，怎么也没有料到自己会上当受骗，不过这次，她确实遇到了骗子。

看中了这部手机之后，诗珊就通过银行给对方的账号上汇了 300 元的首付款。3 天之后她接到了一个陌生人打来的电话，通知她已经到货，不过要自己亲自去取。诗珊无奈，只好自己亲自去。不料那个人却不肯露面，一定要诗珊把剩下的 500 元也打到银行的账号上才可以拿到货物。

尽管这样，对方后来又以各种理由要求加钱，就是不给诗珊交出货物。这个时候，诗珊终于意识到自己上当了。

"唉，诗珊你要知道便宜没好货，好货不便宜啊。天上掉馅饼的事情怎么能相信呢？算了，就算是花钱买个教训吧。"同伴听了诗珊的遭遇之后，在旁边连连开导她。

"太出乎意料了。"诗珊振振有词地说，"我看了他们家的卖家信誉，还是五星的，怎么会是骗子呢？我以后再也不敢去网上买东西了。"

网络世界中本来一切都是虚拟的，而江湖骗术又是防不胜防，所以小心谨慎才行啊。

家长寄语

互联网在近些年的高速发展，给我们的生活带来了巨大的便利，但同时也带来了许多新的烦恼。当你在享受丰富的网络资源时，又不得不面对着众多的安全威胁。而随着网络经济的繁荣，网上购物由于其快捷、便利、价格较低的优点，已经成为许多青春期女孩的时尚购物方式。尽管这种购物方式使你享受到了足不出户、送货上门的方便，但一些不法分子利用网络购物行骗也经常令购物者防不胜防。那么，对于缺乏相关安全知识的我们，怎样才能防止自己在享受网络带来便利的同时又要保护好自己，免受不法分子的侵害呢？

下面妈妈给你介绍一些经验和方法，给你提供一些小小的帮助。

当你在网上冲浪时，你可以采取如下保护措施：

1.用杀毒软件保护电脑，及时更新软件。杀毒软件可以最大限度地保护电脑免遭病毒侵害。同时病毒的发作就像每年的流感病毒一样，新的病毒和病毒变种不断产生，所以一定要保证有规律地升级杀毒软件，例如一周升级一次。

2.不要打开不明来源的邮件。收到了可疑的邮件，最好的处理办法是直接把整个邮件删除，包括其中的任何附件。即使知道是谁发来的邮件，对看起来有点奇怪的或者是预料之外收到的邮件，也要提高警惕。

3.使用较复杂的密码。在网络世界里，即使不告诉别人自己的密码，"黑客"们也能利用一些手段对密码进行暴力破解，因此把密码尽量设置得复杂一些是绝没有坏处的。微软曾推出过一个密码强度测试软件，如果你有兴趣的话不妨试试看。

4.定期下载安全更新补丁。有时程序漏洞会成为他人攻击你的电脑的切入点，因此经常去一些主流软件公司（如微软）的网站看看有没有发布最新安全更新补丁，也是保护电脑的有力措施之一。

不参与低级趣味的娱乐活动

"最近小枫在看什么好书，看得这么入迷？"一贯话多的小枫近来变得不爱说话了，这引起了朋友们的好奇。只见小枫手里捧着一本装帧精美的小说，跟大家说："我在看一本好看的书。"说完，把书的封皮在同学的眼前一亮：《和校花在一起的幸福日子》。

"你们想看吗？等我看完了，就借给你们。"小枫对大家说道。

大家都为小枫的行动之光明正大所"折服"，如此低级趣味的书，可以如此大张旗鼓地拿到班上来，不怕老师没收啊！

家长寄语

小枫，妈妈想劝劝你远离那些思想不好的图书。所谓"低级趣味"，就是与文化、文明、道德相悖的趣味。譬如，饭桌上讲黄段子，手机发黄色短信，就是低级趣味。

再如举办接吻大赛、鼾声大赛、喝酒大赛等，也属低级趣味。虽然确实热闹非凡，新闻效应不错；但你只要稍加留意，就会发现，参赛者绝不会有高雅之士，围观者也尽为无聊闲人，举办的地方又多是缺乏文化氛围的小城镇。

某些报纸也总追求"低级趣味",譬如特别钟情明星绯闻,明星的红杏出墙,明星的移情别恋,写得津津有味、绘声绘色,甚至于不惜捕风捉影、道听途说,将不曾有过的事情写得栩栩如生。这样做,据说就是为了满足某些乐于"低级趣味"的人。

在生活中我们也面临着太多的诱惑,低级趣味娱乐活动就是其中的一个。当你遭遇时,一定要坚决抵制。如果有不好的朋友请你去一些不健康的娱乐场所时,你应态度坚定地拒绝。平时的课余活动安排,可以采用读书、画画、郊游等活动方式,多与道德高尚的人接触,以他们为楷模,"谈笑有鸿儒,往来无白丁",久而久之,耳濡目染,自己也会近朱者赤,逐渐变得谈吐文雅、举止文明、行为高尚,成为一个情趣高雅有品位的人。要从现在开始就做一个"脱离低级趣味"的人,对低级趣味活动做到不听、不看、不参与,从思想上筑道"防火墙",加强对自己的保护。

对金钱的诱惑提高警惕

"晓珊,跟你商量个事,帮我写篇作文吧,回来给你20块作为报酬,好吗?"有一个同学找晓珊过来,居然想让她帮忙写作业。

"这个……我自己的作业也写不完,恐怕不能帮你了。"晓珊小心翼翼地回绝。

"要不这样,给你30块,行吗?求求你,帮我这一次吧。"

那个同学一看晓珊不太想答应，于是开始给她"加工资"。

"你自己的作业不完成，我如果再帮你写作业的话，我不就也犯错误了吗？"晓珊这样跟那位同学说道，"而且，我自己也有很多作业没有完成，你找别的同学吧。"跟这位同学讲清楚之后，晓珊就走了。

回到家之后，晓珊和妈妈提到了这件事，妈妈夸奖了她。

"晓珊，你这样做得对，否则，即便是我们得到了一点钱，那是很被人看不起的。"

"当时我真有点动心了呢，不过一想都是同学怪不好意思的，而且我确实不愿意给别人写作业。"晓珊把自己的真实想法跟妈妈说了。

"晓珊，要知道在这个世界上没有人不喜欢钱，用钱可以买到很多我们喜欢的东西。但是，如果为了钱，失去了自己的原则和立场，甚至失去了自己的道德底线，你觉得这样心安吗？"妈妈的话如同警钟一般，一下把思维迷糊的晓珊敲醒了。

"嗯，这样一讲，多亏当时我没有答应，呵呵。"晓珊感到十分庆幸。

"所以，晓珊，希望你从现在就能培养自己的立场，在决定事情的时候不要犹豫。认定是自己该做的，即便是难度再大都阻挡不了，认定是自己不该做的，即便是金山银山当前也不为所动。"妈妈悉心教导她。

"嗯，一定，谢谢妈妈。"

家长寄语

晓珊,在现实生活中,你有没有过这样的体会?某同学上学是父母的轿车接送,而自己只能搭公交车或骑自行车,就觉得自己脸上没面子;班级组织郊游,某同学穿的是高级登山鞋,背的是高档运动包,带的是很贵的零食和饮料,而自己只穿着普通球鞋、背着普通背包,只带了面包和矿泉水,觉得没面子;当同学聚会时,某同学一出手就是几百元,而自己为那30元钱还要苦苦向妈妈讨要,觉得没面子。你想想,这些都是因为他有钱,而你没有钱,于是你深感不平衡。如果真的是这样,你就要小心自己的虚荣心了。

要知道,所有的这一切都只是由于他家更富裕一些,而这并不能说明你和他之间有什么差别。父母的钱是靠他们的辛劳和汗水换来的,你不能也没有权力拿着父母的钱大吃大喝、大摆阔气。要知道,自己现在拥有的一切都是父母给予的。你从出生就要花钱,穿衣吃饭要花钱、长大上学要花钱。父母为了你已经付出了太多太多。所以我们要学会体谅父母、关爱父母,而不是蛮不讲理地向父母索要什么。

这些,绝不是对孩子的说教,而应是陪伴你一生、指导你一生的行为准则。

别人的钱再多、东西再好,也与自己没有太大关系,如果说有些关系的话,只能说这些应该是你奋发向上、努力学习的动力,而不应当成为你自卑甚至为此而犯错的诱因。每个人都希望能够挣更多的钱,让自己和家人过上更富裕更舒适的生活,这是责任感的一种表现,是无可厚非的。但获取金钱的方法有多种,"君子爱财,取之有道",应当通过完善自身的素质与能力,将来有能力工作之后通过努力奋斗来改善自己的生活,而不能整天想着要摆阔,这样做,非但得不到幸福,还会得到惩罚。

性行为不要随便尝试

放学之后冬莲和同学一起走在回家的路上,看到了路旁的安全套自动售卖机。

"在学校门口放安全套售卖机,难道是鼓励我们作乱吗?"一个同学开始发表异议,"这种导向也太不正确了。"

"明天我们一起写匿名信举报吧,我从来还没有写过匿名信呢。"另一个同学表示赞同。

"我看到这些感到很不爽,而且就固定放在学校的门口。"冬莲也觉得这样做有点不合适。

"你们听说了吗?好像在学校附近有的小卖部里,能偷着买到迷魂药还有安全套呢。"冬莲旁边的一个同学告诉她这个小道消息,让冬莲足足吸了一口凉气。

"是不是这样干就可以不留后患,干净利落?"冬莲问道。

"我们没有经验。"周围的几个女孩异口同声地回答。

回到家,冬莲把这件事对妈妈讲了,妈妈听了之后也觉得不太合适:"是啊,现在的生意人只为了赚钱,别的都来不及考虑了。冬莲,你要知道,一个女孩最重要的做人原则就是自重,自己看重自己才对啊。"

"嗯。"冬莲点点头。

妈妈接着说:"如果不负责地任意发生性行为,最后吃亏的一定是女孩,而且即便是对身体没有什么伤害,也一定会在心理上留下阴影,后果肯定不堪设想。"

听妈妈这样一讲,冬莲觉得写匿名信那个不靠谱的主意其实也挺对的,要不,明天找个同学商量商量,一起写个匿名信举报吧!这样做也许能够挽救更多无知的女孩。

家长寄语

目前,有相当一部分青少年按捺不住自己发生婚前性行为。诸多事实已证明婚前性行为不可取,而且少女做流产,对身心带来严重的影响,故应采取措施防范。一些研究结果表明,夫妻婚前有性行为者,婚后不和睦的发生率高。婚前性行为往往会导致性关系随便、道德观念淡薄、性生活紊乱以及性病的传播等。爱情之花是圣洁的,只有到了一定年龄,遇到能正确理解它,懂得珍惜它的人,才能栽培并以真诚之水浇灌,使之永远盛开。对于正值青春期的女孩来说,在爱情生长的土壤还不具备的时候,最明智的办法是筑好防线,集中精力学习,树立正确的人生观,培养高尚的情操,学会自尊、自重、自爱和自制,使自己的行为符合社会道德规范,用健康的思想和法制观念来指导自己的行动。

正值青春萌动的少女一定要认识到,任何性行为都是要承担后果的,而这些后果往往不是尚且稚嫩的自己所能够承担的。过早涉足禁区，留给自己的只能是无可挽回的伤害。

爱情无疑是美好的，但是，那也是一朵需要等待、需要精心浇灌的花朵。学会用自尊、自爱、自重来守护自己的爱情园地，相信在属于自己的爱情季节里，这个园地里一定会盛开出更美丽的花朵！

网络爱情不大靠谱

"花花，怎么一副魂不守舍的样子，上课又走神了吧。"老师在课上同着全班同学批评了花花。

确实如此，最近花花是点不太对劲，突然一下子变得温柔了许多。

原来，花花买了一台新电脑，然后学会了网上交友。在网上，她认识一个叫"一水隔天"的网友，逐渐两个人就聊上了。

这个"一水隔天"在网上和花花坦白，他是个无业青年，但是花花却觉得他很诚实，一心认定他是一个难得的人。

"花花，你是不是刚才又在想那个'一水隔天了'？"下了课，同学紫兰跑到了花花那里，想问个究竟。

"紫兰，你看。"花花拿出了一个精美的小本子，上面记满了"一水隔天"给她的绵绵情话：

"你是天上的月亮，我就是陪伴在你身边的星星。"

"你知道我时刻在想你吗……"

看着这些情意绵绵的词句,紫兰觉得浑身发软,更不要提那个已经深陷其中的花花。

"紫兰,我想和他见面,好吗?"花花问道。

"反对,你了解他吗?"紫兰问道,毕竟是旁观者清。

"怎么不了解?你知道吗?我每天和他聊天的时间不少于3小时。"

紫兰心里觉得着急!怪不得花花最近成绩下滑得这么厉害。

不管紫兰什么态度,花花执意要和那个"一水隔天"在公园见面,而且还想把他介绍给大家。

有一次,紫兰和花花在回家的路上不经意看到了"一水隔天"。

"花花,你快看,快看啊!"花花顺着紫兰手指的方向,看到了他在和另一个女孩在一起。

"啊!"花花一下子就傻了,随后大颗的泪珠落了下来。

家长寄语

花花,青春期女孩对社会及爱情的理解还很肤浅,判断力、成熟度较差,容易被那些虚构的凄美动人的网恋小说、网恋故事所感动。于是,不少女孩在网络聊天室寻觅"知音",自认为拥有网上知音是一种精神刺激和满足,是心情自由放飞的空间,沉迷于网上交友,模仿着小说中的恋爱故事。先是出于好奇,进而模仿,发展到后来就不能自拔了。在虚拟的网上与人谈情说爱,这是很危险的事,会使人沉迷于虚幻的情爱之中,想入非非,无法与现实接轨,造成情绪异常,甚至会引发严重后果。在网上谈恋爱、"结婚"不仅会影响青春期女孩世界观的形成，还会影响他们对未来婚姻的态度。在这种虚无缥缈的感情里游走，只会让人变得玩世不恭、萎靡不振。

对于刚刚迈进青春期的女孩来说，情感开始萌动本是一件自然的事情，无可厚非，但是，在这个敏感的时期，一定不要陷入网恋的情感旋涡中。少女们在平时要认清网友的真面目，拒绝与网友交流生活、感情、私密的问题，注意防范人身安全。在日常生活中，要经常与家长或所信赖的亲友、师长沟通，感受来自周围的温暖关爱。

步入青春期的女孩需要知道，爱情是一个奇妙的东西，它会在属于自己的季节如期到来。而在它到来之前，每个人都需要仔细守护自己的情感地带，切不可因为网恋而伤害了自己。

第四章

给努力求学求知的你

上课偶尔走神没什么

小梅一下课就冲到思思的课桌上着急地喊:"思思,思思!快把你上课笔记借我抄抄!我上课又走神了!"

小梅一边急急忙忙地抄着笔记一边沮丧无比地自言自语:"思思!你看怎么办才好啊。我怎么这么多内容没听到啊?这抄了也没用啊,你还是给我讲讲好不?"

说到这儿,她停下笔,抬起头,露出一副十分可怜的样子。

"小梅,你怎么回事啊?最近上课怎么总是走神啊?你这样下去可怎么办?"思思一边替小梅暗暗焦急,一边责怪她上课不用心。

"我也不知道怎么回事。"小梅又继续埋头苦抄,"思思,你说是不是人大了心也大了,所以精神就不容易集中了啊?"

"你都想些什么啊?"思思疑惑看着小梅。

"我也不知道自己想些什么,就是无缘无故地听着听着,老师的声音就像催眠曲一样,和我的耳朵就共鸣了,然后我就不知不觉走神了。"小梅无不委屈地说道。

"其实我有时候也走神,但像你这样一走就连笔记都抄漏了的情况还是和在冬天看见荷花开一样,是十分罕见的……"思思说道。

"思思,你就别嘲笑我了,我难过着呢。可能越是这样,我就越着急,越着急,结果就越走神。思思,你说我是不是老了啊?"小梅认真地问道。

"哈哈,你胡说什么啊!还没到20呢,老什么老!"思思半开玩笑地说,还顺便用手拍拍她的肩膀,"我们正是花一样的季节,呵呵。抄完了没?抄完了我们快看看吧。待会儿又要上别的课了!"

"好好好!快讲快讲……"小梅的表情终于是雨过天晴了。

思思一边讲,一边注视着时而皱眉,时而微笑的小梅,心里在想:"我一定要帮助小梅分析分析她走神的原因,然后找到解决上课走神的办法。"

对!回家问妈妈去!

家长寄语

呵呵,思思,其实你大可不必那么紧张。上课偶尔走神是正常的,只要不是太严重,就没必要太害怕。不过如果总是走神,到了小梅的地步,都影响到学习了,就要好好查查原因了。

人的注意大致可分为有意注意和无意注意两种。而你们上课时,就要求调动积极的有意注意,尽量延长有意注意的时间,而缩短无意注意的时间。小梅走神就是一种无意注意。

小梅经常上课走神也许是以下几个原因中的一个,或者兼而有之:

第一，晚上没睡好，所以精神不好。睡眠不足会影响人的注意力集中度，如果前一天晚上没有好好休息，第二天课堂就有可能会走神。如果是这个原因，你可以告诉小梅让自己调好生物钟，按时作息，保证充足的睡眠，这样上课才有精神。

第二，上课前没有好好预习。要想课堂上能够取得最好的学习效果，莫过于带着问题听讲。那么怎样才能发现问题呢？最好的办法是课前预习。在预习的过程中，可以粗略地把容易理解的、一知半解的和完全不知所云的东西用不同的标记方法标记出来，这样就可以在有一定的背景知识（那些理解了的）的情况下，专心去听那些一知半解和完全不知道的知识点，这样做，不仅心里有底，也是带着一定的问题和目标去学习，那么上课走神的情况就会得到根本性的减少，甚至会没有。这种做法也是妈妈最推荐的"有意注意"加强法。

第三，就是不要胡思乱想。上课的时候，要跟着老师走。具体的做法是，老师板书的时候，认真看板书，老师讲解的时候，可以注意老师的眼睛。当然，这里说要跟着老师走，并不是说思想也被老师牵着鼻子走，而是要养成边听边思考的习惯。比如：老师打算怎么解决这个问题呢？我之前的想法和老师有什么地方的不同呢？其实做到第二点，这第三点也就自然而然地能做到了——因为你一直在记着为自己的疑问从老师那里、从课堂上寻找答案，这时哪里还有心思走神啊？

不知道，小梅听到了这些，会有什么想法？

文科理科没有好坏之分只有适不适合

"要文理分科了!没想到高二上学期这么快就要结束了!可是我还不知道下个学期要选文科还是理科呢!"姗姗跑过来和春春说话,一副找到救星的样子,"你看我烦的,我们班的同学我都差不多问遍了,他们也不能给我个答案!听说你是个小小'万事通',所以我来向你咨询来了。呵呵……"

"你也太高看我了。哪里是什么'万事通'啊。只是喜欢和大家聊聊自己的感受罢了。"春春当然要谦虚一下,姗姗的性格她是知道的,只要是把自己贬低,姗姗反而会认为对方说的是对的,至少,是诚恳的。

事实证明春春的推断是正确的。

因为姗姗一屁股坐在春春可怜的同桌的凳子上,全然不顾人家正在写作业。她笑嘻嘻地说:"我有重大问题要问春春。你不介意我占用你的凳子十分钟吧?"

同桌无奈地笑笑:"没关系,我刚好有个题目要和莉莉商量,你坐吧,我去莉莉那儿。"

可怜的同桌拿着作业本往莉莉那儿去了。

"春春!你打算选什么?"

"文科。"春春的视线从同桌那里转回来。

"为什么?"姗姗穷追猛打,"她们都说文科要背的东西很多,很难记的！你不怕啊？"

"那理科好了。"春春又笑了笑，改了答案。

"听说理科要做很多很多题目，很多理科生都要每晚奋斗到11点，有的甚至到12点呢！"姗姗又发难了。

"啊？这样啊。那还是文科吧。"

"春春！你到底要选文科还是理科啊！怎么改来改去的，我都被你弄晕了！"姗姗开始后悔她一来就说的"我终于找对人了"。

"好像是你要选文科还是理科的问题啊，怎么改成问我了？"春春其实心里早就想好了，只是不知道姗姗犹豫不定的原因在哪里，所以就故意兜了几个圈。

"也是。我倒不是怕文科的背诵理科的题目，就是不知道以后哪个就业更好，我会更喜欢哪个……"姗姗一脸的犹豫。

家长寄语

春春，你可真调皮！人家姗姗已经很着急了，你还在那里兜圈子。看把姗姗急的。

不过，你的做法也没有错。弄清犹豫不决的原因，才能对症下药，做出正确的选择。

选文科还是选理科，是每个学生在求学的路上迟早必须要面临的一次重要选择，关系到你们的未来。从这点看，姗姗没说错，文理分科确实是件重大的事。对于大多数像姗姗这样的孩子来说，他们考虑得太多，想到了文科的困难，也考虑了理科的负担，更想到了以后的自身发展。想得适当长远一点是好事，但如果想不明白自己的心思,那好事就可能变成坏事。这也是他们犹豫不决的主要原因。

要想明白自己的心思,其实不难。妈妈认为想好两个方面就行了:

第一,自己喜欢什么。

第二,自己擅长什么。

喜欢的不一定擅长,但是不喜欢的就一定不会擅长。

要想弄明白自己喜欢什么,那首先要客观地了解所要面对的事物。

有人认为,普通高校招收文史类专业的人数要比理工类专业少得多。所以,为了方便好考,有些喜欢文科的学生最后逼着自己改学了理科。他们总认为文科不好考,理科好考;文科出路窄,理科将来就业机会多。

实际上这种看法是没有道理的。文科固然招的人少,但报文科的人数也比理科少得多,文科的升学率并不比理科低。具体到个人,意思就是,不管学文科还是学理科,都是需要努力的,都是有竞争的,事实是:文科理科都不轻松,不要以为学文科只是背,历史中的很多分析题都是很需要逻辑思维的。想挑简单的事做,在学习中是没有的,如果有,那只能是不做。

至于说文科面窄,这种说法就更没有道理了。目前我国经济正在迅速发展,经济越发展,需要的管理方面的人才就越多,而这些人才大多数来自文科院校。因此近几年重点文科院校的学生就业趋向非常好。

事实上,普通高等学校的文科和理科专业的设置是根据社会发展的需要定的。无论读文科还是读理科都是国家需要的,都能为国家建设做出自己的贡献,毕业后都可以找到好的出路。文科和理科本身并无好坏优劣之分。

所以，妈妈认为，选科一定要是自己喜欢的，不然读起来会很痛苦。

如果很不幸，你没有相对更喜欢的学科。那就选自己擅长的学科。看自己哪些科目的基础知识比较好，是文史地，还是数理化。最好把以前的试卷拿出来，做一次客观的分析，看看总体成绩和平均成绩哪些科目的平均分和排名比较好和相对稳定。如果自己不知道怎么判别，也可以让老师，比如班主任，或者父母帮助分析分析。

如果这个还不行，你的文科和理科成绩不相上下，你不知道哪个会学得更好，那你就可以考虑一下自己以后想学的专业是从属文科，还是理科，然后再正确地做出选择。这样依次把问题考虑清楚，文理分科的选择就不是看起来很难抉择的"重大"的事情了。

希望你的朋友姗姗早点做出自己喜欢的选择。

不是每个人都能考上名牌大学

"看我这成绩，考名牌大学是没希望了！不念大学吧，爸爸妈妈肯定不同意；念吧，自己觉得难度实在是太大了。"思蓝和好朋友有一搭没一搭地聊着。

"不光光是面子问题，我都在想，名牌大学和普通大学的差别会不会很大啊？"思蓝发表自己的见解，"真是郁闷啊。这破成绩不上不下的，恼死人了！"

"你说咱非得上名牌大学不可吗？那么多普通大学就不是大

学了？那么多普通大学毕业的毕业生就都没有名牌大学的学生优秀？"文文当然也有自己的见解。

"我看不一定吧。再说了，不是有一句话是这样的吗：师傅领进门，修行在个人。"思蓝居然表现出自信来，"不过考不上名牌大学确实是件让人沮丧的事，起码高兴不起来。我都不知道接下来的日子要拿什么做奋斗目标。哎，都怪自己一直以来不够努力，才到今天这个地步……"

上课铃声很快就响了，她们也都各归各位，停止了谈话。

看着老师在黑板上讲得有声有色，思蓝却一点都提不起兴趣来。因为她在想，"是啊，名牌大学那么少，而成绩优异的人最终毕竟是少数。那些考不了名牌大学的学生，他们该怎么办呢？该怎么面对这种残酷的优胜劣汰的选拔性考试呢？"思蓝陷入了沉思中……

家长寄语

思蓝，你问得很好。问到了问题的根本矛盾，就是：不是每个人都能上名牌大学，即使大家都想上名牌大学。

你还有好朋友文文的苦恼正是由于存在的这个矛盾产生的。也许你们也知道自己可能上不了名牌的原因：以前没能好好努力。既然知道问题产生的原因，那就从原因下手好了：现在开始努力。

什么事情，只要现在开始努力都不算晚。

也许到最后你们还是上不了名牌大学，但至少，你们努力过，可以问心无愧了。

我们把事情往不好的，也是相对现实的地方讲，大多数人是上不了少数的名牌大学的。其中你们就很有可能是在这大多数人中。就算结果是这样，也没有关系。普通大学也是大学，和名牌大学一样，它们也是国家培养优秀人才的地方。中国有很多的企业家、领导人等成功人士就不是名牌大学毕业的。可是他们通过自己的努力，都取得了事业的成功。

大学的存在，应该是以培养出完美的人格，增强人的现代公民意识为目标。可以说，专业知识的学习是相对最为基础而更需要学生自己付出努力的地方，与学校是否是名牌关系不大。

而且以后到社会上就业，公司在录用人员的时候，绝不是凭你一纸文凭来判断要不要录用你。是名牌还是不是，对你的事业并无影响。进了大学后，将是一个完全不同于高中阶段或者九年义务阶段的学习模型。更多的时候，你将会自己决定要学什么，要成为什么样的人。

可以说，进入了大学，大家又重新站到了同一条起跑线。

而四年后，你要成为什么样的人，决定于大学四年期间你对自己人生规划的确定和切实的努力。优秀与否很大程度上与学校的品牌无关，而与你对大学意义的认识和实际行动密不可分。

所以，如果上不了名牌，就大大方方地上普通大学，如果上不了普通大学，就上大专或者职业技术院校，如果还是不行，就去学自己感兴趣的东西，并且制定目标，越细越好，然后真正地全身心投入。

记住了，每一个新的开始，你都不比别人差，你们都将站在同一条新的起跑线上。如果最后，你还是落于人后，那是因为你停止了奔跑。

时间是挤出来的

"怎么这么多作业！又是数学试卷，又是英语试卷的！还让不让人活啊！"铭铭大发牢骚。

"是啊！这次连语文老师也来凑热闹。居然让我们写什么'我最难过的事'，还从500字提升到800字！我看啊，写完这些作业就是我目前最难过的事了。"程程也跟着起哄。

"写作业倒不是我最难过的。"铭铭很想阐明说明自己的意图。

"那什么才是你最难过的啊？"程程莫名其妙地朝媛媛发问。

"时间啊！我都不知道时间怎么够用？恨不得一天有48个小时。"铭铭看上去真的一副很焦虑的样子。

"倒也是，我们怎么忙也忙不过你。又要去见你的钢琴老师吧？"程程同情地说。

"可不是。就要考过级考试了，本来就要练曲子，又加上这么一堆的作业，看来，和朋友出去春游的事这段时间都不用想了。"铭铭说得可怜兮兮的，"之前约好的，看来又要推掉。"

家长寄语

铭铭，随着我们年龄的增大，要面对的事情也会越来越多，那么如何分配好自己的时间，在有限的24小时内做好自己需要做的事情呢。妈妈可以送给你一个字：挤。

没错，就是要挤时间。时间是挤出来的。

不相信吗？你不仅要完成老师布置的作业。除此之外，还要练习钢琴曲，如果不挤时间，又怎么做得到呢？即便希望自己有48个小时，这当然不可能，爱因斯坦虽然提出了相对论，不过他也做不到。那么怎么挤时间？它又不是我们沙发上的靠椅，它看不见，摸不着啊。

很简单，为时间做一份详细的计划表。而且计划表最好能够分等级，比如说大的等级可能是这一年内我要实现什么目标：比如语文成绩提高20分。接下来就是一些更细的计划：为了年末的语文成绩能提高20分，我要全面提高基础知识部分的得分，估计为5分；作文部分的得分，力求提高10分；阅读理解部分的得分，也是提高5分。

然后，怎样才能提高基础知识的得分呢？每月学习30个新字新词，平均下来每天一个字或词。每月看一本世界名著或者中国名著。这个可以计划为每天放学后阅读半个小时或者一个小时，具体时间由书的厚度和页码来定。每月自己给自己加10篇阅读理解的练习，每隔两天做一次，每次时间大约为半小时，定在吃中饭后午休前的休闲时间。

有一个对待读书的看法，我们需要改变：就是太把读书当一回事儿。

中国人常常由于把读书看得太重，而多多少少浪费了一些可以利用起来的时间。把读书看得重,虽然不是件坏事,但在妈妈提倡的"挤时间"学习法上可能也不能算是一件好事。比如很多人觉得,读书就一定要有大把大把固定的时间,然后专心致志地坐在书桌前什么也不做,只看书。人们难以想象10分钟,或者20分钟可以拿来看看书。其实,在美国人那里,他们甚至在马桶旁边都放着书,这些书绝不是我们很多人认为的乱七八糟的杂志,而常常是文学名著啊,新闻早晚报啊之类的书刊——当然,这样容易引起便秘,所以妈妈也不提倡。还有些人,在书包里随时放一本近期想看的书,在等公交车或者乘坐地铁的时候拿出来阅读。这样积累下来的时间,对一个天天要坐地铁的人,甚至可以在一周内看完一本小散文随笔。

如果真能做到这样,那可是真正地算"挤"时间了,而且把学习融入生活中了。这种心态就是妈妈所说的"太把读书当回事儿"。说得简单点,就是心无旁骛、见缝插针地随时学习。

现在我们回头再来看看上面的计划,算是很详细而且有层次。从年到月再到天,甚至小时。计划这么细而全的好处是,既能保证做到切实可行,又能有目标。人们在做一件事情的时候一旦有了目标,就不会觉得盲目而不知所从了。

大目标,比如这里的年计划,需要很强的意志力和耐心去坚持,而这些坚持只要每天认认真真地完成一个一个的小目标就可以了,这样算下来,大目标变得不再遥远而不可为了。你要做的,就是脚踏实地地做好每一步。

当然,在计划执行的时候,常常会碰到意外情况,这可能会打乱你已经做好的计划。那怎么办呢?

首先,要冷静,不要浮躁。如果可以,最好每个月调整一下计划,并且在计划里预留一些可能会发生的意外情况,别把时间排得太满,比如,某个中午该做阅读的时间,临时去做数学老师发的试题去了,那么就改为第二天中午,或者当先下午。总之,尽量不要破坏整个计划的进度。如果你订的那个计划,执行了一周,发现很多地方都完成不了,那么可以利用周末放假时间,好好调整原有计划,重新制订一个可以落实的。

要能落到实处,是制订计划的首要原则。不然,订了等于没订,就可能给自己带来沮丧感。

另外,制订计划的又一个原则是:充分利用白天的时间。科学研究表明,白天学习一个小时几乎等于晚上学习一个半小时。白天学习的效率还是很高的。所以,白天能做的事,别拖到晚上再去做。

当然,"身体是革命的本钱",这句话什么时候都不过时,所以,再怎么挤时间,也不能挤了应该休息的时间,能吃能睡,才能好好学习嘛。

抓住最佳时间,获得最高学习效率

"同学们,请大家安静一下,我有话要讲!"梦安和同学们正在热闹地早读,班主任张老师冲进来打断了大家。

"今天早上大家都来得很早,并且来了之后能就认真地读书。有读语文的,有读英语的,读得很认真。这很好。说明大家都很有上进心。可是……"张老师说到这,顿了一顿,知道她的重要观点一般都出现在"可是"这样的转折之后,班上的同学都停下来,齐刷刷地看着张老师,"我好像发现有学生在早读的时间做数学试题。"

"谁啊?谁啊?"

……

大家都开始左右乱看。

"你们别问了,也别看了。做数学题的那位同学刚刚经过我的提醒,已经把练习册收起来了。老师也不会说出他/她的名字的。"张老师一副十分镇定的样子,"老师也不是要针对某个同学,批评更不是老师的目的。只是,我想提醒大家的是,不同的时间,应该学不同的东西。比如,早上,就比较适合大声朗读。我们要善于抓住最佳的时间,来学最容易学到的东西,这样才能获得最高的学习效率。不光是早读,最近,我还发现,有些同学上甲课做乙事,这都是很不好的。希望大家以后引起注意。好了,继续读书吧。"

教室里静了那么半分钟,又开始一片琅琅书声。

梦安却一直在回想张老师的话:善于抓住最佳的时间,获得最高的学习效率。

家长寄语

梦安,你们张老师说得很对。在学习中,确实有个最佳时间的问题。就好像我们要在12点到1点吃中饭,7点到8点吃晚饭,晚上要睡觉，白天要工作一样，做什么事情都有它的最佳时间。学习也不例外。

大家的学习时间是宝贵而有限的。那么什么才算是这些宝贵又有效的最佳的时间呢？

像你们张老师提到的那位同学，应该早读的时候做数学题，这就不是利用了最佳的时间。而那些上英语课做化学题的学生就更不是利用了最佳时间了。就像妈妈刚刚说到的，什么时候做什么事，这就是最佳时间。

也就是说，早读的时候早读，上英语课的时候听英语，上化学课的时候听化学，自习课的时候做习题。

一个人应该要有计划地好好安排自己的学习时间，具体来说，可以这样做：

1. 老师讲课的45分钟要全神贯注，不要开小差，或者用来埋头做自己想做的题目，这样只会得不偿失。很多同学分不清主次轻重，老师在上面讲课，他在下面一会儿翻书了，一会儿做题了，看上去很认真的样子，可是学习效果不见得好。

为什么呢？因为他没有抓住听课的最佳时间。

也许老师讲的东西你觉得太简单，或者已经知道了，但是就没必要听了吗？妈妈的观点是：未必。老师要讲一堂45分钟的课时，备课的工作量往往超过90分钟，那就意味着，很多东西在老师那里讲出来已经是被挑出来的精华的部分了，在这每句话后面都有一定的背景知识在做支撑。

也许你做了预习，看懂了教科书，但你不见得也看到了老师那些背后的背景知识。而且在课堂上，老师可能随时会提问，这会引发大家的积极思考，从而对所学的东西思考得更深入，理解地更透彻，如果你埋头去做自己的事情，那么就可能错过这些更深邃的东西。当然，妈妈也不是说要记住老师上课的每句话，这没有必要，而且也不可能。妈妈的意思是，该老师讲学生听的时候，就应该用心地听讲。看书应该是课前预习做的事。

课堂45分钟的听课，如果能够保证吃透老师讲解的基础知识，弄懂自己的疑问所在，就算是高效率，好过你自己课后花90分钟或者更多时间去冥思苦想。

2.找自己学习的最适时间点。比如你要背诵一个材料，你可以通过平时的观察，看看自己是属于"夜猫子"型的，还是"百灵鸟"型的。所谓"夜猫子"型，就是指那些在晚上记忆力相对较好，思维较活跃的；而"百灵鸟"型，就是指早上或者上午记忆力相对比较好，能集中精力学习和思考的；当然还有第三类，"混合"型。这些同学对具体的时间没有太严格的要求，只要他们想学习，都能集中精力来学习。那么，那些晚上记东西记得牢的，不妨晚上睡觉前试着记一些要记的东西；而那些早上或者上午记忆力比较好，那么早上早读的时候多记一些东西。

最适时间点还包括学习时间的长短。有些人学习的注意力可能是3个小时，有些则可能有6个甚至7个小时，但是一般人的最适合学习的时间长度不会超过5个小时。所以，过度学习，也可能造成疲劳效应，得不到学习的高效率。

3.不管是什么时间学习，下面这些事，在学习的时候最好别做：

第一，边学边想别的事。

第二，学一下，吃点东西，上上厕所，或者找找东西。

第三，一边聊天一边学习，或者一边写信一边学习。

第四，在笔记本上乱写乱画。

第五，学一下，睡一会儿。

第六，边听音乐边学习。

最佳的时间，应该心无旁骛，专心学习，这样，才能有高效率的学习。

专心致志地学，开开心心地玩

雅致正在一心一意地背着历史老师李老师留给大家每天必须完成的任务。

"再给我10分钟，就可以搞定这个历史题了！"雅致在心中默念着，很高兴地再一次忍不住去翻自己抄写的历史笔记。

她惊喜地发现：按照李老师要求地去做，每天花半个小时记住十个小题和两个大题是件多么容易的事！她已经不知不觉背了大半本历史书了！

这些题都是李老师每天的历史课抄给大家的。他说："我和你们一起加强记忆。"所以，从第一天要求大家准备一个历史"背诵本"时，他就坚持把这些题一字不漏地板书在黑板上，而不是用幻灯片打出来。

他说："这样，显得我们大家都干了一样的活，很公平。呵呵。"

李老师说到做到。尽管大家都知道，粉笔字写起来远比钢笔字要吃力。

也可能正是因为感念李老师的辛勤工作，大家对他要求的每天完成的背诵任务基本没有怨言。

每天中午，午休时间一过，大家便不约而同地拿出前一天抄写的历史笔记开始背诵。

这样的习惯形成后，李老师开始每天抽背一些学生，表示对大家的鼓励。

历史课上总会听到李老师对当天抽背的学生的表扬。

良性循环发生了作用。班级的历史成绩发生了翻天覆地的变化。由上个学期的平均30分上升为平均60分。而这只花了半个学期的时间。

毕竟，就快考试了，大家都明白，每分钟都应该踏踏实实地学点什么。

就在雅致完成今天的背诵任务，并高兴地松了一口气时，一张小纸条递到了她的手里。

上面写着：雅致，你是怎么静下心来的？我有点着急，看不进去书了。你教教我。

雅致笑不起来了。因为她知道纸条是好朋友花花写的。好朋友的笔迹她一眼就看出来了。

关键是雅致和花花已经有近一个月没讲话了。她们吵架了。

现在花花主动求援，看来她是真的急了。

雅致知道，花花心事重，性格温和，是个犹豫不决的人。她常常在学习的时候想着要去哪里哪里玩，而玩的时候呢，又担心自己没做完的功课。

上次吵架就是因为雅致说了一句"你到底想怎样？"把花花彻底惹怒了。

面对这张纸条，雅致很替朋友着急，因为一眼就看出来的不仅是好朋友的笔迹，还有泪痕。

看来面对期末考试，花花的心静不下来了。

"我该怎么帮她？"雅致暗自揣度，"她看不进去书，我现在比她还急。"

家长寄语

雅致，你真是个好女孩。看到朋友有困难，首先想到的是想办法帮助朋友，而不去计较之前的过节。再说到花花现在面对的困难，其实你可以把自己是如何集中精力做到专心致志学习的想法理清楚再原原本本地告诉花花就很好了。

你说得很对，花花的心不静，她太浮躁了。

面对升学，每个人都有压力。更何况是以前基础很差，现阶段需要大量背诵的科目，这就更需要大家踏踏实实地去学习，去积累。玩的时候想着学习，学习的时候又想着玩，这种"人在曹营心在汉"的心情最后只能学也学不到什么，玩也玩得不开心。对花花来说，这个时候，良好的心态特别重要。

首先花花要弄清楚一个问题。如果学习的时候，心里想着课间或者周末去哪里玩，又或者想着其他的什么别的事，这样时间会停下来说:"你先想吧,我等你想好了,再继续往前走吧"吗?不会!你在胡思乱想的时候,时间仍在毫不留情地继续往前走,时间在流失。说得严重一点,你在浪费自己的时间。而在浪费时间的时候,你什么也没学到,什么事也没做,唯一做的就是:浪费光阴。

有句名言是"浪费时间等于浪费生命"。所以,一定要善待时间,珍惜时间,就像珍惜自己的生命一样。

就像生命只有一次一样,某一年某一月某一分某一秒也只有一次。在这一去不返的时间里我们所能专心做的事也只有一件。花花应该明白这个道理。

那么学习的时候怎样做到专心致志呢?花花可能会想:糟了,我已经落于人后了,我赶不上大家了,怎么办?这样想又有能有什么用呢?只是让自己更着急而已,反而加重思想压力,难以取得好的学习效果。

不要害怕,做什么事情,只要我们愿意开始,都不算晚。

既然觉得自己落于人后了,那么就只能追赶。

制订好计划:比如别人每天背10个小题和2个大题,我大不了背15个小题和3个大题。这样每天都多出来一些,如果总共只有1000个小题和100个大题,就算别人已经背到第200个小题和40个大题了,那么40天后,你们会重新站在同一个起跑线上:大家都将背完600道小题和120道大题。就是这么简单的一个计算。

只要有计划,有目标,并切实地去努力实践它,再加上对自己的自信心,剩下的就是去完成这些小而具体的计划了。这个时候,你每天关注的只是自己必须要完成的事,想不静下心来学习都是很难的事了。

但是，在学习的过程中，可能会觉得很无聊。这时可以给自己设一些完成任务的小奖励。比如：40天后如果完成这次背诵计划，奖励自己放假一天，好好地约上死党们疯狂地玩一天。

又或者，每天在枯燥的学习时，告诉自己：如果一小时内搞定这些，就奖励自己吃一颗棒棒糖，或者，听一首喜欢的音乐。这些奖励都可以帮助自己减轻对即将面临的学习任务的压力感和枯燥感，使每次学习都看起来那么具有诱惑力。

专心于事，而不是好高骛远，踏踏实实地想着手边的东西，那么心自然能静下来。不仅学习是这样，以后的工作也是这样。

真能如此，学得踏实了，玩起来还有不踏实的道理吗？那是从未有过的事。因为你的心里再不会有牵牵绊绊让你不安的事了。

掌握厚薄互返读书法

"海蓝，你看看'椭圆'的定义，这里有没有什么问题？"媛媛拿着数学课本过来问海蓝。

"不是吧？这又不是哲学课本，是数学课本，你干吗去抠什么定义啊，知道椭圆长什么样子不就行了？"海蓝还没说话呢，同桌嘉嘉就把的海蓝的话给抢去了。

"谁说数学课本就不能抠定义了？它好歹也是一个概念，我要是不弄清楚'椭圆'的概念，接下去我要怎么计算椭圆方程呢？"媛媛不甘示弱，"海蓝，你说我说得对吧？"

"死抠半天概念又怎么样？最后还不是要能解答出应用题才算数。"嘉嘉看媛媛不理她，有点生气，"题目做多了，自然概念就理解了。"

"你说的是没错。不过，如果先不搞定概念，我可能就解答不出相关的题目。所以，海蓝，你给我解释解释这里吧。"媛媛果然好脾气，对自己认定的东西就是要追求到底，不懂的问题就更要追问到底了。

家长寄语

海蓝，媛媛说得没错，不论是学什么，首先要弄懂人家在讲什么，也就是涉及的概念是指什么。读书来不得半点捷径，知道就是知道，不知道就是不知道，谁想"和稀泥"来过关斩将，恐怕结果只能自己"被和"了。媛媛这种踏踏实实，一步一个脚印的做法：比如每个概念都彻底地搞清楚，一条定理，已知条件和结论都了然于心，然后在证明中使用哪条定理等，都弄得十分明白的话，下次如果遇到相关的概念，也就不容易搞混淆，不容易出错。不过，这样一来，本来很薄的一本书，可能由于学习者每条都抠得很严而变得厚实起来，这种学习过程，成长叫作由薄到厚的过程。

可以说，每门科目，不管文理，在初学的时候，都要经过这样一个过程。

在这个过程中，刚开始会有很多的疑问或者不明白的地方，这些地方常常需要查一些其他的资料才能让自己理解得更加透彻。查资料的过程，其实也是把原来薄薄的一本教科书加厚的过程：有了更厚重的专业知识背景。这个过程必不可少,它可以帮助你理解那看似简单的几句话的真正的分量,有利于学习和记忆。

这个过程也许比较慢,要花一点功夫,但是经过一段时间的训练,比如说,理解了数学中的某个定理,然后做了大量的习题,并且同类型的题目都能保证准确无误。这时,你就会发现,原来它是要告诉我这样一个概念或者定理啊!原来用起来这么简单!

这个学习过程就是嘉嘉说的由厚到薄的过程。

这两个过程放在一起常常被人们说成是"厚薄互返读书法"。这个读书方法其实是我国著名数学家华罗庚的首创,是他总结归纳出的一种读书规律和方法。实际上,通过"由薄到厚"的学习、接受过程到"由厚到薄"的消化提炼过程,你学过的知识已经内化为自己所有的知识了。

那么这两个过程具体该怎样做呢?

第一步:确定该读的内容。没有目标的阅读有时候就像没有指南针的航海船不知道自己向哪个方向开,这是很危险的做法。所以,先得有个大致的目标范围和方向。

第二步:明确重点。内容定下来后,并不是所有的都需要你去抠。而是要明白在这些众多的内容中,哪些是重点要解决的对象。这时,可以用到做笔记的一些方法对重点部分加以标记,以便下一步更仔细地学习。

第三步:反复理解、领会、记忆应该储存到脑子里的部分内容。万事开头难,尤其是阅读文科性质的材料时,刚开始的时候,可能有些地方不怎么理解,想记也记不住,不过别担心,继续往下看就好了,往往后面可能解答你起初的疑惑。数理化等在了解了概念的基本含义后则要多做练习题。

第四步：归纳概括。每学完一个章节都应该有一个归纳概括的步骤。这时可以用做笔记的提要法来进行归纳，最好用自己的话把主要观点和内容表达出来。

第五步：适时复习。对学过的需要重点记忆的知识点，往往不是记一次就能一劳永逸的，所以，常常还需要大家根据记忆和遗忘的规律适时地加以记忆。

切实做到这些，具体来说：文科知识，回答自己提出的几个纲领性的问题；理科知识，能应用原理和公式解答应用题。这时，一本书就让你给完全读薄了：只剩问题和原理公式了。

那么，知识也就真正地学到手了。

电视可以适当地看

"采儿！猜猜我是谁？"一天晚上，采儿突然接到一个国际长途，里面还莫名其妙冒出来这么一句。

"你是谁啊？快报上名来，好不？那么多人，我哪记得啊。"采儿没心思和对方玩猜名字的游戏，因为还有一大堆作业要做呢。

"娜娜啊！你不会连我都忘了吧？"娜娜在电话那边开始不满，"你小学的同桌兼死党——"

"娜娜！是你啊？"采儿高兴得不得了，"怎么才打电话过来？在英国还好吧？学习上跟得上不？英语听不听得懂啊？"

"你十万个为什么啊?一口气问那么多,我怎么回答你啊。"娜娜开始笑开了。

"到底怎么样吗?"采儿也乐了。

"采儿,你知道不,刚来英国上课的第一周,我可沮丧了。每节课能听懂老师讲的单词没几个。可是没办法啊,谁让我过来了呢,只好硬着头皮听了。"娜娜开始诉苦,"到了第二周就好多了,大概能听懂七八成。不过街上听当地人讲话,还是叽里咕噜的,不知道讲什么。后来我没办法了,只好没事就把电视机打开,不看的时候也放着。你知道的,全是英语台,开始的时候,也和听老师讲课一个感觉,只能听懂几个单词,我也没管它,连睡觉都开着电视机……"

"那岂不打扰到别人啦?"采儿打断娜娜的话。

"不会,我把声音调得刚刚好,关上门,只有我自己听得到,也能睡得着。这样听了一个月,有一天我突然发现,里面的单词几乎每一个都能听懂了!你说神奇不神奇?电视居然还有这种学习功效!"娜娜在那边激动地说着。

家长寄语

采儿,娜娜说的没错。其实不光是语言可以通过看电视来学习,还有很多知识都可以通过看电视来学习呢。人们啊,通常把这种学习方法叫作电视学习法。

相比较起广播学习法来,用电视来学习的最大好处就在于,它增加了视觉在学习中的作用。

可别小看视觉的作用哦。现代心理学试验证明,多种感觉器官一起上阵参加学习,要比一种感觉器官单独学习的效果好。而且多个器官同时使用时,并不是简单的数学相加。比如,人从听觉器官获得的知识,能够记住15%,而从视觉获得的知识能够记住25%,把听觉和视觉结合起来,则能够记住所获得知识的60%,而不是40%,神奇吧?

所以,如果可以,在学习过程中,我们提倡多器官共同参与学习,以提高学习效率。

可是,很多家长或者老师认为:看电视可能导致学生学习成绩下降。这个结论经过调查研究证明是不可靠的。因为看电视与学习成绩其实并无直接的关系。电视只是众多媒介工具的种类之一,广播、书籍、电子游戏机等也属于学习的媒介工具。而且学生的学习成绩好坏,常常受许多因素的影响,比如教师对儿童的态度、家庭关系、儿童的成就需要、儿童的自我接纳程度、儿童的同伴关系等,电视不能直接决定孩子学习成绩的好与坏。

那么是不是就提倡无节制地看电视呢?

当然不是。

每种东西都几乎有其两面性,要如何利用它们为我们所用,达到我们想要达到的目标,怎么达到我们要实现的目标,这才是问题的关键所在。

要想利用好电视这个媒介来帮助我们学习,要做到以下几点:

第一,正确引导。电视可以说是某种程度上的双刃剑,可以让孩子变得聪明,也可以让孩子变笨。所以,我们有时候就要有意识地去挑选一些能让自己变聪明的节目去看。比如,你想学习英语,就可以每周锁定中央二台的《希望英语》，也可以选择中央九台，也就是中国国际频道，这个频道全天都用英语播放节目，是非常好的学习英语的电视资源。

第二，掌握好度。每件事情往往都有它自己的规律，也就是"度"。要想做好一件事情，我们常常要掌握一个尺度，既不能太过，又不能不足。利用电视来学习也是这样。不能成天都只看电视，这样就过度了。对于一般的青少年儿童来说，最好是每天看电视的时间不超过2个小时。过了时间，就要有这个自制力将电视关掉。

因为看电视的过程往往是心智被动接受的过程。看太多的电视，就可能剥夺孩子的自我创造力、自我信赖、学习和其他社会互动的时间。据研究表明，看电视容易造成脑部"惯性思考"的发展，容易使攻击行为增加、容忍度降低，集中注意力的时间减少。

所以，给自己规定每天看电视的时间点和时间长度，到点了就关机。如果做不到，可以请爸爸妈妈来监督管理。

第三，不养成不好的习惯。比如，边看电视边吃饭或者做作业。看电视的时候就安安心心地看电视，吃饭的时候就认真吃饭，一心两用的结果常常是两件事都得不到最好的效果。

第四，制定一个可行的电视学习时间表。详细列出自己每天想看的节目以及节目播出的时间和长度，甚至可以制定出一天完全不看电视，选择户外活动。这样可以检测自己对电视的依赖程度究竟有多少。

如果能够做到这些，相信电视学习法能让你取得良好的学习效果。

读万卷书，行万里路

"小洁！小洁！你知道我暑假去哪儿玩了吗？"茜茜神秘兮兮地跑过来问小洁。

"哪里啊？"听到茜茜的吵闹声，小洁放下正在写作业的笔。

"湖南长沙！"茜茜十分得意的样子。

"去那里干吗？"

说到玩，小洁可开心了，不知道茜茜在那边看到什么好玩的东西了，那么兴奋。

"你还记得我们学古文的时候，学到'棺'和'椁'的区别不？"茜茜又开始装出一副自己很懂的样子。

"当然记得了。语文老师不是说了吗？'椁'也是棺材的一种，比棺大而已。"小洁也不甘示弱。

"你知道大多少吗？"茜茜穷追猛打。

"那我倒是不记得了。反正很大就是了。对棺材没概念。"小洁的自信心备受打击，说真的，当时老师教的时候，她就半懂不懂的，什么棺啊椁的，古代人怎么那么能折腾，埋个死人还整那么多事儿，它们区别到底在哪啊。当时就简单扫了一眼，也就没管它了。

"我这次去长沙看'马王堆女尸展'的时候就亲眼看见椁了。好家伙，那个叫大！"茜茜边说边比画，"那个椁有我们的教室这么高，宽比我们教室还宽，长就没这么长了，不过也已经很长了。我才明白什么叫'椁是周于棺'的意思，说白了，就是一个大盒子里面套一个小盒子。只不过那个大盒子啊，和一间房子一般大。原来这就是以前的达官贵人所说的厚葬啊。以后啊，再也不会把棺和椁弄混了。"

"看来你这趟旅行还真值啊。"看茜茜说得眉飞色舞，小洁看了她就想笑。

"可不是，难怪古人说，读万卷书，行万里路啊……"茜茜高兴坏了，古人的话都引出来了，"以后我有机会的话，要去更多的地方，好好地实地考察考察。"

家长寄语

小洁，茜茜其实也很爱学习啊，连出去游玩都想着书本上的知识。其实，事实也是这样，知识来源于实践嘛，生活中只要留心，处处都有值得我们学习的地方。这可能也是古人说的"读万卷书，行万里路"的意思。

不过，行万里路，并不是说要去走上一万里，而是说要多把学到的知识和身边接触到的现实生活联系起来，这样才是真正的学以致用，也可以巩固提高我们对所学知识的掌握和理解，为以后能更好地学习更难的知识和灵活应用所学的知识打下坚实的基础。

我们都知道，中国古代交通并不发达，信息的传递也没有现代社会迅速，人们常常要通过艰难的长途跋涉才能搜集到自己想要的资料。比如写《徐霞客游记》的徐霞客，写《本草纲目》的李时珍，写《史记》的司马迁等,他们为了能得到准确可靠的第一手资料,可以说是真的走了"万里"路。

可是人类的精力是有限的,尤其是在学校接受专业教育念书的青少年,不可能每学到一样新的知识都去亲自验证,不管千山万水,那是做不到的,也是没有必要的。

所以,妈妈在这里想强调的是:书不怕多读,路未必真要多走。这里的路是指具体的路程。但这不表示,妈妈就同意"只读书,不实践。"其实学校里的物理课、化学课和生物课上做的实验,就是"行万里路"的一种方式。说得更直白点,就是学习的时候要自己动手去实践,去思考。

读书的时候不能装模作样,为读书而读书。读书的目的很多情况下是为了增加大家的知识,扩大大家的视野,打开大家的思路,所以,不要总是照搬书本读死书,而要敢于实践灵活读书。

具体该怎么做呢?

第一,碰到新概念新名词,想尽办法去理解并试着动手做一做。比如老师教圆的定义时,在黑板上画了一个圆,自己不妨也动手,用圆规在草稿本上也画一个。

第二,不同的书,用不同的阅读方法。不要每本书都精读,或者每本书都泛读,有选择性地读,才是真正地会读书。

第三,读书的时候,要抱着实在向作者学习的态度。不是说只读你喜欢的,不喜欢的就不读,要扩大阅读面,加以观察和对比。文章好,好在哪儿?为什么同类型的文章这篇就好。读书的过程多思考。

第四,读到的东西如果能在生活中得到检验的可以在生活中检验一番。比如学了物理,别人希望你估测一下一个水杯的盛水量,可以利用数学的体积公式来计算水杯的体积,然后利用密度和质量公式计算出水杯里水的重量。这样学下来的知识,往往很扎实而难以忘记。

这就是人们常说的学以致用。

不管你怎么做,最后可以这样总结:亦有可能,就不断地用实践来检验自己所学到的知识,并且通过实践去获得更多的知识。如果生活中你处处用心,学习就能真正地成为生活的一部分,从而践行"终身学习"的座右铭。

让大脑也做做体操

最近课间休息时,大家似乎都不抓紧那十分钟努力做题了,而是听音乐的听音乐,下棋的下棋,有的同学还拿出课外读物,像《小溪流》《读者》《少年文艺》之类的书在阅读。

更奇怪的是,今天上午英语老师下课还放起了英语歌曲!

一向分秒必争的娜娜忍不住放下笔,问旁边的妍妍:"妍妍,你在干吗呢?"

"我没干吗,在发呆呢。"妍妍说道。

"发呆?为什么不利用发呆的时间记记英语单词。"娜娜看着妍妍奇怪地问。

"不能总是学习吧?这叫给大脑做体操。"妍妍回答道,"你没听见老师都在课间放音乐了吗?"

"我说吗,怎么最近大家下课了就在教室里弄得闹哄哄的,原来在做什么大脑体操。"娜娜恍然大悟地说。

"那大脑体操都是什么,怎么做啊?"过了大约半分钟,娜娜终于放下面子,决定一问到底了。

家长寄语

妍妍,虽然妈妈不提倡下课在教室里大吼大叫,不过利用课间十分钟适当地让大脑得到真正的休息是很好的。这样能为即将到来的课堂积蓄能力,让精神更集中。现在很流行一个说法就是:给大脑做做体操。

据加州大学洛杉矶分校记忆门诊与老化中心主任斯默尔在所著《让大脑变年轻》报道,预防大脑加速老化,总比想办法修补受损脑细胞容易,对抗大脑老化永远不嫌迟也不会太早。

那么怎样才能延缓大脑老化呢?与其迷信神奇的聪明药,或花大把银子去上大脑补习班,不如试试以下几种在生活中可以简单实践的大脑体操,培养健康生活模式。让自己的大脑更灵光!

第一,玩出创造力。即使是初学者,面对需要动脑思考、判断、布局的游戏(如桥牌、西洋棋、象棋),每一步都能想出10种以上的玩法。纽约市爱因斯坦医学院一项21年的研究发现,每星期至少玩一次游戏(如西洋棋、桥牌等)的老年人,比不玩游戏的老年人减少50%罹患老年痴呆症的机会。

第二,培养急速反应能力。任天堂等电动玩具、小钢珠能训练快速反应能力,并且在快速集中注意力后得到相对放松。乔治·华盛顿大学神经学教授瑞司塔克建议工作空当时玩丢纸团游戏：背对垃圾桶约六英尺处，手拿纸团快速转身将纸团丢进垃圾桶。不过妈妈不建议大家把教室的字纸篓当训练靶子，用草稿纸来训练，那样教室就有可能出现垃圾遍地的凄惨景象。如果允许，可以和同学玩玩转身后迅速出"剪刀石头布"的游戏。

第三，用音乐放松心情。一些实验表明，音乐对大脑还是有积极的作用的。尤其在人感到疲倦的时候，听听轻柔的音乐，常常会使大脑得到一定程度的放松和休息。不过，如果太累了，最好的方式还是睡一觉。

第四，运动。运动能让大脑年轻。运动会刺激天然抗忧郁荷尔蒙脑内啡的释放，减轻压力；而打球或做家务事等工作能压抑掌管情绪的杏仁核，不让坏情绪来捣蛋。有氧运动则会促进身体新陈代谢。伊利诺伊大学脑神经科学家克空比建议，每天15分钟的快走就能保持良好体能状态，并减缓脑神经细胞流失速度。所以，现在我们学校，每到第二节课都要求大家到操场上去做广播体操，这也是给大家的大脑做体操。

第五，留白思考。大脑体操不是让大脑累到不行。斯坦福大学研究发现实验室动物长期暴露在压力荷尔蒙下，会使海马记忆学习中枢有萎缩现象。麻省的威廉斯学院心理学教授所罗门说，压力将使你无法集中注意力，大脑记忆能力也降低。因此，专家建议，工作再忙每天都记得留白半小时到一小时时间，整理思绪，静坐、冥想都是抒压的好方法。其实说白了，就是我们常说的发呆，什么也不想。这种方法有意思吧？

第五章

给渴望完美的你

列一个一生必读书单

假期来临,萌萌和同学在一起商量"度假"计划。

"这个假期,我没有办法陪你们了。"花花不无遗憾地说,"妈妈给我买来了一摞的练习题,早就给我规定了假期的任务。唉!还不如不放假。"

媛媛说:"我听说儒勒·凡尔纳的科幻小说特别好,我已经买了《80天环游地球》《海底两万里》《格兰特船长的儿女》三本,用几天的时间就可以看完,听说他还写过很多其他丰富的小说,比如《地心游记》,还有《神秘岛》,总之都很好看。"

"对对,"葱头突然想起来什么了,"老师不是给我们布置任务了吗?我们每个人都要写一篇读后感,题目自定,我也要找一本自己喜欢看又方便写读后感的书。"

听到了大家的讨论,萌萌也想找几本好书来看,可是由于平日里她都不怎么爱看书,所以一时想不出要看什么书,总不能背字典吧!

回到家,萌萌对妈妈说:"妈妈,我想利用假期的时间看几本书,您能不能帮我推荐几本女孩必看的书目?"

妈妈看着萌萌,似乎以为太阳是从西边出来了吧,笑着说:"萌萌居然要求主动看书了,真不简单。行啊,跟妈妈说说,你想看关于哪方面的书呢?"

萌萌不好意思地抓抓头说:"我不知道有什么好书值得看,所以想找您推荐的。我想看一些能够培养女孩优雅气质的书,最好是很经典的名著书。"

"嗯,让我想想。"妈妈沉吟了一会,然后胸有成竹地答应了萌萌,"萌萌,妈妈已经想出来几本不错的书了,晚上我就把书单列出来,好不好?"

"哦!妈妈真是太好啦!妈妈您是大太阳!"萌萌高兴地抱住妈妈欢呼。

家长寄语

　　萌萌,爱读书的女孩,不管走到哪里都是一道风景。也许她貌不惊人,但她的美丽却是骨子里透出来的,她谈吐不俗,仪态大方。那是静的凝重,动的优雅;是坐的端庄,行的洒脱;是天然的质朴与含蓄的交融。

　　爱读书的女孩,她的美,不是鲜花,不是美酒,她只是一杯散发着幽幽香气的淡淡清茶。

　　没错,书籍是人类的精神财富,书籍更是女孩的最佳美容品。读书带给女孩思考;读书带给女孩智慧;读书会使女孩漂亮的大眼睛里变得层次丰富,色彩缤纷;读书教会女孩在该笑的时候笑,在应该忧伤的时候忧伤;读书还使女孩明白了自身的价值、家庭的含义,明白女孩真正的美丽在哪里。

世界十分美丽，但如果没有女人，就将失掉七分色彩；女人有十分美丽，但如果远离书籍，就将失掉七分内涵。读书的女孩是美丽的，"腹有诗书气自华"。书一本一本被读下肚的时候，书中的内容便化成了营养从内而外滋润着女人，由此女孩的面貌开始焕发出迷人的光彩，那光彩优雅而绝不显山露水，那光彩经得起时间的冲刷，经得起岁月的腐蚀，更加经得起人们一次次地细读。正因为如此，你将不再畏惧年龄，不会因为几丝小小的皱纹而苦恼。因为，你已经拥有了一颗属于自己的智慧心灵，有自己丰富的情感体验，你生活中的点点滴滴，将会书香四溢。

一本好书往往能够给予一个人最初的人生启蒙甚至终生的影响，尤其是那些经典名著，比如，《红楼梦》《飘》《围城》《简·爱》《第二性》，对女性的影响都比较大。

1.《红楼梦》

有人说，一个女人若没读过《红楼梦》，那简直是罪不可恕。大观园中的女子或冰清玉洁，或兰心蕙质，或仪态万方，或柔弱动人……什么才是真正的女人，曹雪芹用一部呕心沥血之作给我们以答案，多少年过去，仍可作为女人最好的生活教材。

2.《飘》

在这部传世佳作中，玛格丽特·密切尔教我们怎样成为成功的女人。书中两个女人——郝思嘉和玫兰妮是两个截然不同的女性典范。郝思嘉像一团烈火，坚强、独立，永远积极进取，永远不会被挫折打倒，她有着男子般的抱负和责任感，敢于把一家人的命运揽上自己柔弱的肩头；而玫兰妮则正像一潭静水，深沉、冷静，她温柔善良而博爱，永远怀着慈悲之心待人，即使对自己的情敌，也只有宽容之情。这两种女人都很伟大,都值得现代女性学习。

3.《围城》

在这部作品中,钱钟书用诙谐幽默的语言描绘了中国男人的劣根性。在今天品读,更可以使女人清楚地认识男性社会,打破对男人种种不切实际的幻想。方鸿渐是最具代表性的"劣质"男人代表,他优柔寡断、不思进取,骨子里又不乏虚荣和可恶的大男子主义,不过,这或许是所有男人的通病,只是被钱先生刻画得特别鲜明生动而已。其他诸如赵辛楣、李梅亭、高校长之流,已能评为"恶劣"级别,女性只有敬而远之了。女人读《围城》,能增加些许生活的智慧,避免在今后走入命运的"围城"。

4.《简·爱》

夏洛蒂·勃朗特塑造了一个生活在社会底层,受尽磨难却不甘忍受压迫,勇于追求个人幸福的女性形象——简·爱。简·爱认为爱情应当建立在精神平等的基础上,而不应取决于社会地位的高低、容貌的美丑和财富的多寡。这种爱情观是积极的,简·爱以无畏的勇气为现代女性树立了良好的榜样。女人都应做爱情的强者,敢于追求属于自己的幸福。

5.《第二性》

这部作品成为西蒙娜·德·波伏娃最成功的著作,被称为"有史以来讨论女人的最健全、最理智、最有智慧的一本书"。它是一本女性的哲学书,揭示了当代女性面临的各种问题,比如,两性的平等。读《第二性》,我们可以看清自己的命运,把握自己的未来。

这些优秀的书籍就像是最好的朋友、最好的老师。在浮华的世界中,打开它们,投入多彩的书中世界,你的心灵将得到最大的滋养。

书香是女孩最好的化妆品,是有品位的女孩生命之外的生命,是她的精神寄托。

书就像一把金钥匙,帮助女人开阔视野,净化心灵,充实头脑。书让女孩变得聪慧,变得坚韧,变得成熟,使女孩懂得包装外表固然重要,但更重要的是心灵的滋润。读些好书,会让女孩保持永恒的美丽。

当学生干部和学习可以兼顾

新一届的学生会就要举行改选了,青文很想去参选学生会主席。因为她一直觉得自己很优秀,学习成绩很好,而且一直以来在班上担任学习委员,后来又担任班长。现在她想要到一个更大的锻炼自己的地方——学生会。

青文是个很有上进心的女孩,她总是既想把成绩搞好,也希望自己的人际交往能力有所提高。学生会主席在她看来,就是一个很好的锻炼机会。可是她在参选的前一周又开始犹豫了,因为她打听到学生会主席需要做很多的事情。像制定这一年的任期内对各个部门展开工作的规划啦,召开各个学生部门部长级别的会议啦,参加各个部门组织的活动啦……而且好像有谣言说,前两届担任学生会主席的学姐学长成绩都下滑了。

虽然不知道谣言是不是空穴来风,但是一想到这些,一向把学习放在首位的青文开始犹豫了:如果当了学生会主席,真的会影响我吗？我会不会和传说中的他们一样呢？

这个问题一直纠结着青文，她甚至连上课都开始走神了。

竞选大会马上就要到了，究竟要不要去切实履行这个从一年级开始就有的小小的梦想呢？青文实在拿不定主意了，她找自己的好伙伴聊了两个小时，还是没能做出决定。

家长寄语

青文，这其实是没有绝对的事情。当学生会主席就一定影响学习的推论就像当学生就一定会成绩好一样是没有道理的。究竟会不会影响，那要看个人怎么处理。

青文，你一定听过"凡事预则立，不预则废"的古训吧？现在你面临的问题其实只有两个难关需要解决：一、信心。二、计划。也就是我刚刚说的"预"。

我们先说说信心。信心在做任何事情时都是十分重要的。人只有首先相信自己了，才能相信自己即将做的事会向成功的方向走，而不是相反。青文你在这样的时候犹豫不定，其实是缺乏自信的表现。你从不知道哪里听来的前两届学姐学长当了学生会主席成绩变差的结论，推断出自己也可能会像他们一样影响到自己的成绩，这是你不自信的表现之一。别人做得不好，且不管是真是假，就算是真的，就能说明自己也将会做得不好吗？如果这样，中国奥运会的第一块金牌恐怕就不能在1984年摘得了——因为之前一直也没人拿过啊。

不单单是这样，你不是一直想着要做学生会主席，想锻炼自己的管理能力和人际交往能力吗？既然是一个梦想，为什么走到眼前了却没有胆量去面对它、实现它呢？岂不是现代版的叶公好龙？

你如果一直犹豫不决，就可能错失机会，如果迟迟不递交参选材料，就算曾经想了多久，并且为之努力了多久，最后也是不能实现的。因为梦想不会眷顾对自己怀疑，缺乏信心的人的。

当然，如果没有一个良好而切实可行的计划，新增加的任务无疑会影响你的学业。

刚开始时，你一定要知道，万事开头难，起步阶段肯定会占用一定的学习时间和精力。但是如果你始终把学习放在第一位，每天该学的时候都学了，而且给自己规划好切实可行的学习时间，然后雷打不动地坚持下去，该学习的时候学习，该处理学生会工作的时候就认认真真处理事务，这样就一定不会影响到学习。

而且担任学生会主席也不是说就是主席一个人要管理所有的学生部门的工作，具体的部门工作是交给各个部长处理的。学生会主席其实不纯粹是对事的管理，更主要的是对人的管理。

妈妈觉得你一直很优秀，能当好学委和班长，妈妈相信，只要你能放下心理压力，相信自己，并好好规划自己的时间，就一定也可以当好学生会主席的同时而不影响学习。你说，是吗？

积累点书法素养

文霞的妈妈认识一位阿姨学习书法已经有40余年，现在受人邀请在学校里面开班授课。文霞听妈妈告诉她说，无论工作是多么的忙碌，这位阿姨也一样是每天坚持练习写字，从不间断。

文霞感到很好奇，难道书法有这么大的魔力吗？怎么会让阿姨如此痴迷，手持一杆毛笔，一写竟是40年。

妈妈想把文霞带到阿姨的书法学校里面去，让文霞也接受一下良好的教育。出于好奇心的驱动，文霞也很想去看看。

来到办公室，阿姨热情地接待了文霞："文霞，你好。"

文霞对阿姨说："阿姨您真有魄力，居然一写就是40年从不间断。"

阿姨笑笑说："是啊，我从4岁的时候开始练习书法，那个时候爸爸对我的要求很严格，一个点要点到上万个，直到全身放松为止。写书法，这里面有无穷的乐趣。通过一幅字，一个人有多少涵养，读过多少书，眼明的人马上可以判断出来。"

文霞听了阿姨的介绍，又喜欢书法，又担心自己会坚持不下去，因为书法并不是一时兴起，随随便便可以学会的，而是要付诸几十年的努力才可以见到效果。书法很高雅，让文霞神往，文霞真的很想试一试，想达到阿姨所说的那种境界。

家长寄语

文霞，书法以其独特的工具材料为表现形式，具有鲜明的民族风格，从萌芽到发展至今绵延几千年而从不中断，一直屹立于世界艺术之林，并享有极高的声誉。书法自古以来是读书人的必修课。但是很可悲的是，现在的人们已经不再重视书法，甚至认为电脑打字可以完全取代汉字。甚至有的人不要说能写一手，就是连一些普通汉字都已经是能读而不会写了。现在，有的日本人要来和我们比赛写毛笔字，不能不说是一种耻辱。

如今的社会在发展，时代在进步，书写方式也由原先传统的毛笔向如今的硬笔转型，甚至有被键盘所代替的趋势，这是社会发展的必需无可厚非。但是，无论社会怎么变，但是作为一个中国人，我们不可以轻易丢掉自己的文化，丢掉祖先留给我们的宝贵财富。俗语说见字如见人，它能直接表现出人的学问、品格、情操、气质、甚至是人的经历与感悟，是我们人生的第二门面啊。

至于写书法，对于我们人格的养成有着很多促进的作用。

第一，有助于提高我们的文化修养。

中国文化的精神就是天人合一，贵在融洽，以求得精、气、神的统一。而书法艺术是生命与人格的表白，蕴涵着生生不息的民族精神，其最高意境是神采、骨力与意韵。要想识透书法的境界，不是一朝一夕的努力可以达到，书法的学习和领悟绝非三五年之功，而是需要毕生的心血来领悟，而在学习书法的过程中，稍稍有名利心、攀比心，就会断送自己的艺术慧命。

书法集中国的哲学、文学、美学于一体，所以每一个书法家都必须具备深厚的中华文化作底蕴，需要植根于中国古典的文学哲学的厚土之上，需要对生活有着深刻的感受。书法作品上面的每一个字都是书法家心绪意念与审美理想的相结合。正如苏轼所说，"退笔如山来足珍，读书万卷始通神"。

书法虽说与绘画音乐并称为姨妹，但艺术成分会更高。因为，书法没有绘画中的色彩映衬和音乐中的声音节奏，是一门纯抽象的艺术，但是它所包含的意韵远远高于绘画和音乐。构成它的元素看似只是简单的疏密、聚散、大小、曲直、黑白等，但是可以产生强烈的视觉冲击感和绵绵流动的气韵。这更需要书法家各方面的修养，特别要通过读书来增加文化涵养，才能做到胸中万壑尽显笔端，甚至达到书论中所描述的那"点似高山坠石，横如千里飘云，竖似高山流水，撇似犀象角鼻，捺如千钧弩发"的境界。

纵观历史上那些气度非凡而又心境空明的书法家，他们笔下的一幅幅作品诗、书、画相映衬，表现出大象无形的若浩渺之苍穹，流露出氤氲的书卷之气与学者的风骨气貌。

书法也同样是一门审美艺术，创作出来的作品在给人以美的享受同时，无形中也陶冶了自己的思想品德与情操并赋予一种生命向上的活力，提升了自己的胸襟与气质，在这点上古人做得很好，有着很高的心境。所以能真正做到视富贵如浮云，所以，当一个书法批评家评价一幅作品的优劣之时，评判的标准其实并不仅仅局限于看那字的结体与章法，而是更着眼于作品中有没有透视出一种对艺术对人生的理解与那模糊的意象和字外之功……

第二，学习书法有助于我们挥洒感情，陶冶性情。

根据一幅书法作品，我们只要认真观赏就能够感觉到作者当时创作书法时的心态。比如当我们看到一幅楷书作品，上面的点画一丝不苟，端端正正循规蹈矩，这就可以说明了作者当时书写时候的心境一定是平和、悠然、了无牵挂。因为要写字，如果在喧嚣的场所或者是心烦意乱的状态下根本是写不下去，更不可能写好楷书。要知道楷书的字体端正需要笔笔俱到，只要是一点一画出现败笔就会全幅尽废，容不得半点分神、半点马虎。

看一个人擅长写什么样的字，也可以观察出一个人的性格。如果一个书法家的一生专门以楷书见长，那么我们就可以毫无疑问地判断出他的性格相对来说是比较内向，而且做事的态度非常严谨认真，属于那种小心谨慎的人。而一个擅长写行草书的书法家，一般性格比较热情奔放不羁，这种人一般性格积极进取，不会轻易满足于现状。一幅好的行书或草书作品多数是作者在扎实的功底基础之上通过情感、激情迸发的瞬间而完成的。

《祭侄稿》被誉为天下第二行书，它的作者是唐代著名的书法家颜真卿。这幅作品中记载着颜真卿痛惜在"安史之乱"中丧生的侄儿季明而所写的祭文。整篇文章气势磅礴、跌宕多姿、悲怆沉痛之情尽溢出笔端。作品里面的每一个字，都流露出书法家内心情感的起伏波动，是情感真挚的流露，也是心灵的奏鸣，是哀极的心声，也是血和泪的凝聚。撼动了读者心灵的同时，整幅作品也达到一种神高韵远的境界。所以说行书与草书的创作更容易能以生动的形象深刻地表达作者的情感。因为通过行书能够概括出一切书体的笔法，通过笔的中锋侧锋并用，而产生出强烈的节奏感。对于那些能楷书行草书兼写的书法家来说，一般就是具有内向外向双重性格了。书法家成功的背后一定付出了无数辛勤的汗水，是经历过多少次痛苦与失败的煎熬，是经历过多少个冬练三九夏练二伏的努力，才换来自己的成功。完成一张佳作，更是其之妙不能强求，唯有领会于心，应乎于手，没想到写出的作品竟然自然天成。书法之妙，其味无穷。

第三，通过练习书法，可以得到很多做人的道理。

要知道古来有多少书法大家，都是先学做人，再学做书，正所谓"书品即人品"，书法里面透露出来的深层意义和人生的思维模式，以及人生观和价值观。学书法与学做人，二者是不可分割的。学习书法离不开法度，正如我们学习做人离不开规矩。

一个人的品德、内涵、审美、志趣、思想等各个方面都能通过那看似简单的线条得以彰显，也是对人生的一种由衷的表达。唐代的书法大师柳公权说过"用笔在心，心正则笔正"，我们从柳公权的书法中也可以看到起字的气势方正不阿，也可以感受的他本人胸怀坦荡的高尚情操和人品素养。

同时，学习书法也可以培养一个人忍耐性与坚毅的品格，当你全神贯注融入其中的时候，是一种暂时的精神超脱，红尘中的一切俗事歪理都会消失殆尽，灵魂也随之净化。

第四，学习书法可以使我们健康长寿。

自古人们就有"寿从笔端来"的说法。特别是在当今人们生活节奏的加快让很多人的精神都处于紧张，无形中破坏了人的内在系统的平衡，从而影响人的身体健康。而通过练字，可以养心、养性、养神、养生，能调节人的气血以至平和，放松神经，达到心理与生理的平衡，这是任何一种药物都不可以代替的自然医疗作用。

生命在于运动，而写书法也未尝不是一种运动，运动员的剧烈运动是在消耗体力资源，而书画家在练习之中则像是打太极一样，有着异曲同工之妙，通过练习书法，能调节阴阳、调节内脏、疏通经络、消除疲劳，使人能够心境恬淡、形神共养，心灵焕发。现代医学也通过研究证实，那样的静动能使人的神经系统的兴奋达到一种平衡，肌肉与关节得到很好的锻炼。历史上有很多书画名家都是健康长寿。如柳公权活到了88岁，文徵明90岁，清代刘墉86岁，苏局仙110岁，近代的大书法家启功先生也活到了93岁。可见，通过练习书法对于保健也是功不可没。

独处时,享受天籁之音

小艺新买了一个 MP4,从此以后听音乐上了瘾。走路在听,课间在听,就连上自习的时候也在听。

"很奇怪小艺都听些什么?这么着迷?"荣荣特别想知道,于是蹑手蹑脚地走到小艺身后,趁小艺没有防备,冷不丁地就把她的一个耳机拔了出来。

"你听的都是什么啊!"荣荣把耳机放在耳朵旁边不到5秒钟,就把耳机塞给了小艺。

小艺看到荣荣过来了,笑着摘下她的 MP4,对荣荣说:"我在听古筝。"

"哎哟——"荣荣阴阳怪气地说,"那么慢性子的音乐,亏你也听。"

"呵呵,我就是喜欢古筝。"小艺说,"《沧海一声笑》,特别好听。"

"小艺,你一边听音乐,一边写作业,这样能保证质量吗?如果是我的话,只要听音乐,就没有办法做题了。"荣荣向小艺"取经",问问她有没有听音乐不耽误写作业的好方法。

小艺说:"我是这样的,如果在思考问题的时候循环播放同一种音乐,就会好些。一般说来,如果我在思考数学题,我就会放单音或者是节奏简单的音乐,不会影响我的思考,如果是做英语题目,那就听一些轻快的音乐活跃思路,如果是做抄试卷之类的体力活,那就听节奏超级快的音乐,这样可以让自己写得更快一点,嘿嘿。"

呵呵,没想到,小艺还真有一套。

小艺接着说:"如果晚上失眠了,也可以用听音乐来缓解,我试过,还挺管事呢。如果心情烦乱不能做事情,最好也听一听音乐,可以调节情绪。其实,听音乐的好处可多呢。"

家长寄语

小艺,音乐绝不仅仅是一串单纯的音符,而是一种深蕴着人的精神的文化现象。无论在我国传统的音乐中,还是西方古典音乐,浪漫音乐中,我们都可以感受到音乐的精神"脉搏"。音乐大师们在五线谱间发出的对天、地、人的畅想,对命运的慨叹,对未来的展望给懂得欣赏的人们带来心灵的震颤。

音乐是一道美丽的风景,但只有少数人有幸欣赏,因为这道风景不是用眼睛看的,而是用心去体会的。春秋战争时期,伯牙与钟子期"高山流水觅知音"的故事千古流传,令人交口称赞。音乐就是这样,有着无穷无尽的、无法用语言描述的"魅力",你可以在它的世界里,尽情放纵自己的欢笑,自己的泪水,在流动的音符中寻找往昔生活的印迹,编织你七彩的梦,获得心灵超越无限的自由之境。

现代的生活日益紧张忙碌,音乐就显得更加重要,那是上帝赐给世人的声音,紧绷了一天的神经将会在音乐中得到松弛,压抑了数天的悲愤情绪将会在音乐中得到宣泄,发自心底的快乐也能在音乐中获得飞扬。音乐还能在咖啡牛奶浓浓的香气中带走你的思绪,给创作者以灵感,给奋斗者以希望。因此,音乐不仅能调整状态,还能陶冶情操。

音乐是用来享受的,所以不一定要听完整的大型交响乐,因为那太沉闷太累,对于为工作奔忙了一天的身心有害而无益。但一定要听听巴赫、莫扎特、肖邦的作品,而且经常听莫扎特的音乐有助于开发智力。安特里奥的音乐是小资们的首选,因为他的音乐既不特别高雅也不完全通俗,而是属于"有分寸的另类",这与小资自身的风格不谋而合。

一些经典老歌听起来更是别具一番风味,像老鹰乐队,还有爵士乐。对于追求生活格调的女性来说,在艺术欣赏上,怀旧永远都不会错。当代歌星中,恩雅和席琳·迪翁已经过时,现在要重点推荐的是意大利盲人歌唱家勃塞里和英国少女歌星夏洛特·邱奇,他们都给歌曲加入了一些流行元素。罗大佑和蔡琴是永远不会过时的流行歌手,他俩是经过几代人检验经久不衰的。崔健、刘欢、田震也可以听听。歌曲欣赏的下限是王菲,也就是说到她为止,比她再低就与"欣赏"二字无缘了。

下面推荐一些乐曲,供大家在朝霞微露的清晨和灯火阑珊的夜晚,细细品味:

古琴曲《梅花三弄》

琵琶曲《十面埋伏》

筝曲《渔舟唱晚》

二胡曲《二泉映月》

管弦乐曲《春节序曲》

小提琴协奏曲《梁山伯与祝英台》
贝多芬《第九交响曲》
舒伯特《未完成交响曲》
威柏《邀舞》
柏辽兹《幻想交响曲》
约翰·施特劳斯《蓝色多瑙河》
柴可夫斯基的《如歌的行板》《第六交响曲》
穆索尔斯基《图画展览会》
拉威尔《波莱罗舞曲》
奥涅格《太平洋231》

学着欣赏国画

秀娟和秋菊一起去艺术博物馆参观,因为最近这里举办特展,有一批珍贵的明清书画,她们有幸能领略其风姿。只不过,秋菊比秀娟懂得更多一些,秀娟对此却是一无所知。

走进展厅,他们两个人在一起看一幅幅的书画,不知道秋菊都在看些什么,反正秀娟只是在看热闹而已。

秀娟觉得自己是对艺术一窍不通的人,看这些画——混个脸熟就算了。

秋菊拉着秀娟的手,突然对她说:"秀娟,你看,那幅画是郑板桥的。"

顺着秋菊手指的方向，秀娟看到了一幅黑白相间带有题字的画，可是上面画的却是一块石头，秀娟笑着说："不对，你一定是弄错了。郑板桥是画竹子的，这点常识我还是知道的。"

"不是，这个一定是郑板桥的。"秋菊固执地坚持自己的意见，"因为我是从画旁边的字来判断的，郑板桥写字的特点是'乱石铺路'，以前爸爸给我讲过，你看这上面的字写得歪歪扭扭，忽左忽右，但是，在歪歪斜斜之间有一道中轴线，无论字写得再歪，始终和这条中轴线是对称的，这就是郑板桥写字的风格。"

"哦，"听到秋菊这么肯定的讲述，秀娟想一定是自己弄错了，结果她们找了一位旁边的讲解员叔叔询问，果然这幅画的作者是郑板桥。

"秋菊，我太崇拜你了。"秀娟由衷地赞美了她一句。

"呵呵，没有，我只是以前听爸爸说过，所以就记住了。"秋菊特别谦虚。

家长寄语

秀娟，美术是人类创造的一种精神产品，它有别于听觉艺术的音乐、语言艺术的文学，是具有造型性、可视性、静态性、物质性的一种空间艺术。正因为有以上基本特征，美术作品首先应该是可以被人感知的，它能引起人们感官注意的空间艺术形式；其次，它通过其物质媒介向人们展现一个静止状态的相对理想的客观世界，进而触发人们二次创造特定的情感情绪。

青春期时期的女孩提升美术的素质是大有必要的。一个懂得欣赏绘画作品的年轻女孩，不一定有出众的外表，但绝对有超凡脱俗的魅力，这种魅力源自那种行云流水般的神态，以及那雍容华贵的美感。若能将绘画的神韵融入自己的言谈举止中，定能焕发出与众不同的光彩。下面，简单介绍中国的美术。

中国画（亦称国画）是我国特有的画种，由于民族性格、历史文化传统、审美以及绘画材料和工具的不同，是经过无数画家的努力形成的、带有民族特色的画种，是世界艺术中的重要组成部分。要想了解中国画，首先要记住八个入门常识。

1. 中国画是我国传统造型艺术之一，简称中国画。
2. 中国画讲究形式美，要求作品有"形神兼备""气韵生动"的艺术效果。同时还十分重视用笔、用墨，构图不受时间、空间的限制，也不受焦点透视的束缚，画面空白的运用独具特色。中国画强调诗、书、画、印所构成的完美的艺术整体效果。
3. 中国画从题材上分为人物、山水、花鸟三类，从表现形式上可分为工笔、写意两种。
4. 中国画的工具有笔、墨、纸、砚。
5. 中国画用具有生宣纸、毛笔、衬纸、笔洗、调色盘、书画墨汁、国画或水彩颜色。
6. 中国画的用笔主要以下几个方法：中锋、侧锋、逆锋。此外，还有藏锋、露锋、散锋、聚锋等多种用笔方法。
7. 墨分五色：焦、浓、重、淡、清。中国画用墨有"墨分五彩"之说，即焦墨、浓墨、重墨、淡墨、清墨。
8. 从笔含水分的多少，又有干湿之分，归纳为干、湿、浓、淡四个字。

了解了中国画之后，我们知道了中国画无论是从材料上还是从绘画技法上都不同于其他绘画种类，有着独特的神韵。那么，如果想要学会如何来欣赏中国画，也需要了解八个重点：

1. **画工**：画家的作品可表现出作者的成就。画面的形象，就是画工的具体体现，我们往往主观批判该画的好与坏，就是受画工的影响最大。

2. **布局**：布局看来似是画面的设计，其实是作者胸怀中的天地，从画面布局中表现出来。中国画与西方绘画不同的地方甚多，最明显之处就是"留白"，国画传统不加底色，于是留白甚多，而疏、密、聚、散称为留白的布局。在留白之处，有人以书法、诗词、印章等来补白。亦有让其空白的，故从布局可见作者独到之处。

3. **书法**：中国画与西方绘画不同之处，其中一项就是书法。国画画面上常伴有诗句，而诗句是画的灵魂，有时候一句题诗如画龙点睛，使画生色不少，而画中的书法，亦影响画面至大。书法不精的画家，大多不敢题字，虽然仅具签署，亦可窥其功底一二。

4. **诗句**：于画中的诗词，往往代表主人的心声。一句好诗能表现作者的内涵和学识，一句好诗，亦能起到画龙点睛的作用。

5. **学识**：功力及布局可以从画面窥其一二，至于作者的学识，对其作品影响很大，故中国有"文人画"之称。著名文人，其作品与众不同，就是一种"书卷气"。画家于画匠之别，学识是条件之一。

6. **人品**：西方画家往往浪漫不羁，游戏人间。而欣赏者只观其画而不理画家的私德。中国人不同，画家或书家如行为不检、道德败坏、声名狼藉、大奸大恶者，即使其作品十分精美，亦无人问津。

7. **功力**：从事书画修养越久的人，他表现出的功力，是初学者无法掌握的。尤其是书法，老手多苍劲有力，雄浑生姿。在国画方面，其线条、设计、意境亦表现出作者的功力。所以人生经验丰富的艺术家，其作品往往较年轻画家有不同的表现，这就是功力。

8.印文：无论字或画，常有"压角"的闲章出现。所谓闲章就是画面或书法留白的角落。而印上的文字，有时影响字画甚大。从印文中也可看到作者的心态，或当时的环境。好的印文，配以好的雕刻刀法，盖在字画上，使作品更添光彩。

健康是最好的储蓄

时针已经指向了午夜十二点钟，可是小珍的作业还没有写完。这时妈妈推开了小珍的房门。

"珍珍，已经这么晚了，你怎么还不睡觉呢？"妈妈过来想看看小珍究竟在干什么。

"妈妈我的作业还没有写完。"小珍只好如实回答。

"白天还看到你一直在玩啊，我以为你的作业都已经写完了啊。"妈妈很诧异地问小珍，"看看你啊，白天不抓紧时间学习，深更半夜的努力起来。"

"没事，我就熬夜一小会儿，写完之后就睡觉。"小珍跟妈妈解释道。

"可是珍珍，你知道熬夜的坏处吗？"妈妈跟她说，"你生病的时候有多难受，你都忘了吗？现在你年纪小，也许认识不到健康的重要性。平时的生活中也需要多注意才行啊。"

妈妈的一片好心，小珍不想辜负，她向妈妈保证以后也要多注意健康、合理作息,以免让父母担心。

家长寄语

珍珍,很少有人能够彻底明白健康对于一个人的重要性,于是在身体健康的时候不停地挥霍健康,而等到身体出现不适的时候才追悔叹息。

一个人无论做什么事,身体健康永远都是最基本也最重要的前提。在人生的路上,需要你每天都能以精力饱满的身体去应对一切。尤其是对一些重大的事情,更需要你付出你的全部力量才能成功。如果你发挥出你的一小部分能力进行学习或做事,那一定是干不好的。你应该用你旺盛的斗志以及健康的身体投入,但倘若你因生活不知谨慎而造成精疲力竭,那么再去学习和做事时,你的效率自然要大减。在这种情形之下,成功是难以得到的。

这就如同一架机器,在毫无故障的情况下,自然可以正常运行,但倘若出现破损或其他故障,便会严重地影响做事效率。

我为什么就做不到呢?我并不笨啊!

你清楚地知道自己绝对有这个实力,于是你下定决心一定要考取第一名,并为之努力,甚至把休息的时间也用进去,可是你却发现这个目标对你而言还是难以达到,于是你为此感到非常困惑。

你认清了自己的实力,你也付出了努力,但结果却事与愿违,生活中这样的例子很多。很多人不是能力欠缺,也不是没有付出努力,也不是缺少机遇,他们的失败往往就集中在一点上,那就是体力不支。纵使意志再坚定,你糟糕的身体还是无法帮助你走向成功。事实证明,一个活力低微、精神衰弱、心理动摇、情绪波动的人,永远不能成就什么了不起的事业。这就像一匹有"千里之能"的骏马,倘若食不饱、力不足，那么在竞赛时恐怕也要败给最普通平常的马。

聪明的将军绝不会选择在军士疲乏、士气不振时，统率他们应付大敌。他一定要秣马厉兵，充足给养，然后才肯去参加大战。同样的道理，如果想在我们人生的这场战役中取得胜利，你能否保重身体，能否保持你的身体于"良好"的状态。因为，一个具有一分本领的体力旺盛的人，可以胜过一个体力衰弱有十分本领的人。

健康的体魄可以增强人们各部分机能的力量，而使其效率、成就较之体力衰弱的时候大大增加，也使人在学习和工作上处处取得成效、得到帮助。

所以，凡是有志成功、有志上进的人，都应该爱惜、保护体力与精力，而不使其有稍许浪费于不必要的地方，因为体力、精力的浪费，都将可能减少我们成功的可能性。

生活中有很多有志于成就大事的人，却因没有强健的体魄为后盾，而导致壮志未酬身先死。然而世间又另有大批的人，有着强壮的身体却不知珍惜，任意浪费在无意义、无益处的地方，而摧毁了珍贵的"成功资本"。

美国总是罗斯福曾说："我从小就是一个体弱多病的孩子。但我后来要决意恢复我的健康，我立志要变得强健无病，并竭尽全力来做到这点。"倘若罗斯福不对身体加以注意与补救，他的一生，恐怕很难像现在如此辉煌了吧？

也许你会说即便拥有健康的身体也并不等于拥有所有，诚然，但是如果你失去了健康，那却意味着你失去了所有，因为健康始终是一个人最必需的，所以，从现在开始牢牢地守护你的健康，不要等到它溜走了你才追悔感伤。挑战，不仅仅要挑战智力、情商，还有健康。

舞动是张扬的青春

丽丽永远像是一个万花筒，不停地在变。自从她看了碟片的音乐短片之后，把笛子甩在了一边，口口声声说自己要练习舞蹈。

"其实练习舞蹈没有什么可难的。我可以按照音乐短片上的动作，从简单的做起。"

丽丽一派雄心勃勃的样子，引来了某些同学在私下里对她的再次漠视："但愿她跳的不是老年迪斯科。"

从此之后，在楼道间多了一个隽秀的身影，是丽丽在那里不停地旋转。

同学们都笑谈说："练习舞蹈可以使小脑更加发达，平衡能力增强。不信可以看丽丽，居然没有倒在那里。"

任何人都不会相信丽丽可以学成什么，因为她天生就是一个三分钟热度的女孩，今天看到吹笛很有趣，就练练吹笛，明天看到别人跳舞很好看，于是也想学。可是，任何的才艺都不是付出一朝一夕的努力就可以取得成就。而像丽丽这样的女孩，应该在生活的别处也不在少数，只要她们能够玩得开心就好吧。

以前丽丽曾经欣赏过一个傣族女孩跳她们家乡的民族舞蹈，她从小就练习这种家乡的舞蹈，那种舒展的姿势和轻盈的动作给人无限美丽的遐想。其实那个女孩长得并不是很漂亮，但是很多人在看过她的舞蹈之后都觉得她很美。

家长寄语

丽丽，无论什么样的舞蹈，首先是一项才艺，可以给人增加气质和魅力，再有就是舞蹈对于形体的塑造也有很大的帮助，对于女孩来说，练习舞蹈，既可以让自己多掌握一种技能，同时还可以使身材更加健美，何乐而不为呢？

在练习舞蹈的时候，随着音乐翩翩起舞，那种轻盈的动作伴随着轻盈的心情，会让人感到无比愉悦，同时会为你带来体态美。舞蹈对于塑造形体究竟有哪些好处呢？

1.锻炼肌肉。舞蹈可以对肌肉进行全面性、综合性的刺激，它的动作可以兼顾到头、颈、胸、腿、髋等部位。舞蹈还同时具备了有氧运动的效果，使练习者在提高主肺功能的同时，达到减肥的目的。

2.和其他体育运动形式相比具有较强的趣味性。相对于跑步、游泳的枯燥来说，通过练习舞蹈更能带给女孩无尽的吸引力和新鲜感，还有更加良好的健身效果。

3.练习舞蹈可以增强身体的协调性，并培养良好的节奏感。舞蹈自身都有一整套的连贯动作，流畅而轻快，整齐而有韵律感，对于乐感以及灵巧度的锻炼有很大帮助。而它的趣味性也更容易让人集中和专注，忽略掉运动疲劳。

4.练习舞蹈有助于培养气质。由于舞蹈是一种极具表现力的运动，所以通过练习的过程中，表现自己的同时培养了优雅的气质并增强自信心，让人心情愉悦是缓解情绪的好方法。

很多人把健身舞蹈形象地比喻为"带着笑容去训练的项目"。在舞蹈课中，人们更关注的是能否在练习中愉快和尽兴，所以练习舞蹈对于心理放松有很大的意义。

练习舞蹈，不仅对人的形体塑造有很大帮助，同时也有助于强壮体质。

首先，舞蹈锻炼能够锻炼身体，有益健康。对于不同年龄的女孩来说，跳舞都是一项非常好的运动，坚持舞蹈练习不仅可以强身健体，增强抵抗能力，而且可以使自身的关节和肌肉得到锻炼，减慢身体骨骼的衰老。

其次，跳舞可以使心肺功能得到增强，促进血液循环，有一个舞友说："当伴随着音乐翩翩起舞的时候，我忘记了一天的疲劳和工作的烦恼。虽然气喘吁吁，汗流浃背，但却可以使全身得到放松。现在我的精神面貌有了很大的改观，体质也增强了许多，感觉浑身充满着活力，心里充盈着快乐"。

最后，跳舞可以陶冶情操，丰富业余生活，增加脂肪消耗，也就是减肥！

通过学习舞蹈，不仅使女孩得到良好的形体训练，而且对于心灵更是一种美的陶冶。多年的实践证明，学习舞蹈的女孩经过长期地训练之后，她们的身体外形通常会变得更加曼妙。身材更加挺拔，举手投足间处处表现优雅的感觉，无疑就是长期练习舞蹈的结果。

原谅自己的缺陷

妈妈希望娜娜能够成为一个有礼貌的孩子，所以每当有长辈来到家里，无论娜娜正在房间里做什么，都会放下手中正在进行的事，从里面走出来叫一声"叔叔好""阿姨好"。

这个时候，长辈们总会对妈妈说："你家的孩子真懂事，真乖。"

得到了长辈的表扬，娜娜就会很满足，美滋滋地离开。看到妈妈高兴的样子，娜娜也觉得自己的表现没有为妈妈丢脸。

但有的时候，娜娜和妈妈一起出去做客，她表现得并不自然。

如果有人问话，娜娜总是小心翼翼地回答，生怕什么说错了不恰当。回到家，娜娜总会问妈妈，今天自己是否有表现不好的地方？今天是否说了不该说的话？只有得到了妈妈的肯定和表扬，娜娜才会放心。

不过这样时间久了之后，娜娜发现自己变得敏感了很多，每做一件事情，说一句话都很担心这样是否合适，是否伤及别人，所以发现自己渐渐的都不敢说话了。

家长寄语

娜娜，实际上你的这种担忧是多虑了。

"呀！刚才是不是说错话了，她看来有些不高兴！"刚才和一个好久不见的朋友打招呼，你似乎说错了什么，因为对方的神情明显有些不悦。

"我觉得你应该不会拒绝。"你在猜测别人的想法。

"我知道你是世界上最聪明的人，你做得棒极了！只有我就像个丑小鸭！"你的奉承因为你夸张的动作和表情让人觉得很不真诚，虽然夸奖了别人，但诋毁自己的做法并不可取。

在与人交往的过程中，难免会出现这样那样的行为，很多时候，当事情结束了，再回过头想一想，或许你会为自己的行为而感到懊恼，因为在你看来，那些行为并不完美。

事实上，人的行为并非一成不变，因此，你可以通过本身的努力对此加以改善，不妨从现在开始就试着改变它们。

1."我从小身体就不好，妈妈说小时候我经常吃药打针，而且妈妈居然帮我准备这双鞋！这双鞋一直很挤脚，跑起来就更疼了！"体育课上，你使劲力气也跑不快，你觉得很难堪，于是你向人这样解释着。

千万不要因为烦恼就责怪任何人或事。实际上，根本不要谈到你的困难，更不要在进入下一个步骤之前提到它们。因为任何寻求怜悯，企图使你自己当时感觉好些的措施，都会确实削弱你个人的力量，如此更会使你自己成为可怜虫或受害者。

2."这是表姐向我推荐的学习资料，她说很好的！"

也不要将你的选择归罪他人，不要引据他人的意见。你去哪个补习班或用哪套学习资料，不要说是别人极力推荐的，要为自己的构想负责。引用别人的意见通常不会造成损害，但如果你的自我意识非常薄弱，就会使情况恶化。因此，数周内不要引据他人的意见，然后再看看这种扩大效果的方法是否奏效，你是否觉得好些？或没什么不同？或若有所失？

要记住，一旦做了就不要逃避责任，纵然是采纳别人的意见而大祸临头。

3."我们一起去游泳吧！"

还要避免使用"我们"。你拒绝了一项邀请，就说你很累，不管你的同伴是否也有同感，尽量使用第一人称单数的说法。

4."这首歌我觉得你肯定喜欢！"

还要注意不要告诉别人他们的感觉。"我相信你不会喜欢的。""我知道某某使你不悦，所以我不邀请他。"别人的想法和你一样经常会改变。你可以问问他自己的感想,但不要越俎代庖,告诉别人,经常企图预测别人想听的话,这正是好好先生典型的翻版。结果会增加了你对平凡的自我和一些被激怒朋友的恐惧感。

5."我应该照你说的去做?"

有的人游移不定,这时也要注意:不要让他人左右你的思想。提醒他们"态度宜温和",你当时的感觉是基于本能而生,无论如何这都是你的权利。永远不要为了维持和平而向他人道歉。

另外,当你向朋友或陌生人谈到自己时,不要只叙述事实。在这几周内,尽量少把事实平铺直叙地说出来,而代之以意见和反映。不要提到有关身份地位的象征,以免使陌生人铭记在心。同时避免机械式的对白,就好像细数你那天从早上六点开始的所作所为一样。如果你已经知道一个故事会按照什么方式讲,就不要把它说出来,因为背诵式的说明将会增加你在毫无准备的情形下对于说错话的恐惧感。

如果能够按照以上意见去做,你一定会发现,改变行为原来一点也不难。

好口才对未来发展很重要

曾经有一位国学大师说过:"人才不一定有口才,而有口才的人一定是人才。"

有的时候,蓝蓝很想锻炼自己的口才,却无从下手。

不得不承认,蓝蓝没有勇气在众人面前讲话,如果要在人前讲话、发言，她总是不敢正视听众的目光，当大家的目光注视到蓝蓝的时候，蓝蓝会感到如芒在背，心跳加快，脑中一片空白。

其实，对此蓝蓝自己也是颇为苦恼，但是却不知如何是好。

"练练说相声吧。"好朋友向蓝蓝提议，"说相声的人都有口才，或者你先学学说快板也行。"

"练习绕口令，是不是也能让人变得有口才呢？"蓝蓝自己也拿不准主意。

在英语的扩展阅读中，老师会向同学们介绍很多关于著名演讲家的演讲词，他们讲话时能言善辩、口若悬河的气势让蓝蓝叹为观止。

口才啊口才，蓝蓝做梦都希望自己有副好口才。

家长寄语

在生活中常常会有这样一种情形，如果你对一件事情或一个人产生了一种想法之后，再继续思考，你会发现，你很容易按照原来的思考的方向继续下去。

其实这是因为一个人的思维具有惯性：当你朝某一个方向思考问题时，你就会倾向于一直考虑下去。这就是为什么有些人一旦沉醉于某些消极的想法之后，就一直难以自拔的道理。

在与人相处的过程中，如果你试图说服他人，这时就需要懂得运用这一原理了。

你要知道，与人讨论某一问题时，不要一开始就将双方的分歧亮出来，而应先讨论一些你们具有共识的东西，让对方不断说"是"，然后再逐渐地提出你们存在的分歧,这时对方也会习惯性地说"是",一旦他发现之后,可能已经晚了,只好继续说下去。

促使对方说"是"的方法有很多,你可以尝试着用以下几个最简单的方法,促使他人对你说"是"。

1.当你与别人交谈时,不要先讨论对方——而且不停地强调——对方所同意的事。因为你们都在为同一结论而努力,所以你们的相异之处只在方法,而不是目的。

2.让对方在一开始就说"是,是的"。假如可能的话,最好让方没有机会说"不"。

3.使对方说"是",其实比想象中的要容易。任何问题的答案只有两种——"是"与"不"。

开始时,这两者各占一半的机会,因此只要稍加努力,那么否定的一半也会变成肯定的了。

看到这里,也许你会觉得"是"的反应其实并不难,它甚至是一种很简单的技巧,然而它却为大多数人所忽略。只要你留心,你会发现懂得说服技巧的人,会在一开始就得到许多"是"的答复。这可以引导对方进入肯定的方向,就像撞球一样,原先你打的是一个方向。只要稍有偏差,等球碰回来的时候,就完全与你期待的方向相反了。

也许有些人会认为,在一开始便提出相反的意见,这样不正好可以显示出自己的重要而有主见吗?但事实并非如此,在现实生活中,这种"是"的反应很有用处。

詹姆斯·艾伯森是格林尼治储蓄银行的一名出纳,他就是采用这种办法挽回了一位差点失去的顾客。艾伯森先生向我们讲述了他的经历。

"有个年轻人走进来要开个户头,我递给他几份表格让他填写,但他断然拒绝填写有些方面的资料。

"在我没有学习人际关系课程以前,我一定会告诉这个客户,假如他拒绝向银行提供一份完整的个资料,我们是很难给他开户的。但今天早上,我突然想,最好不要谈及银行需要什么,而是顾客需要什么。所以我决定一开始就先诱使他回答'是,是的'。于是,我先同意他的观点,告诉他,那些他所拒绝回答的资料,其实并不是非写不可。

"但是,假定你碰到意外,是不是愿意银行把钱转给你所指定的亲人?

"'是的,当然愿意。'他回答。

"那么,你是不是认为应该把这位亲人的名字告诉我们,以便我们届时可以依照你的意思处理,而不致出错或拖延?

"'是的。'他再度回答。

"年轻人的态度已经缓和下来,知道这些资料并非仅为银行而留,而是为了他个人的利益。所以,最后他不仅填下了所有资料,而且在我的建议下,开了一个信托账户,指定他母亲为法定受益人。当然,他也回答了所有与他母亲有关的资料。

"由于一开始就让他回答'是,是的',这样反而使他忘了原本存在的问题,而高高兴兴地去做我建议的所有事情。"

捕捉住人性的弱点,在人际交往中会让每一个人都受益无穷。中国有句格言最能反映东方人的智慧,"以柔克刚。"所以,如果你要说服他人,就要请记住这个原则:设法使对方开口说是。

微笑,时刻准备的"见面礼"

楚楚和妈妈谈话,脑瓜里突然冒出来一个问题:"我们上美术课,老师说蒙娜丽莎的微笑流传了几百年,征服了很多人,她的微笑很美。老师还说,我们也应该经常微笑,微笑是世界上最美的语言,真的是这样吗?"

妈妈看着楚楚,笑笑地说:"的确如此,你想想,你是喜欢一个整天微笑的伙伴呢,还是喜欢一个整天愁眉不展、从来都不笑的伙伴呢?"

"当然是整天微笑的伙伴了。"楚楚不假思索地回答。

"对啊。"妈妈继续楚楚的思路延续下去,"别人和你一样,也会这么想。只有经常微笑的人才会吸引更多的人喜欢他。"接下来,妈妈讲给楚楚一个故事:

从前有一个小女孩,天生容貌丑陋,她有着严重的自卑情结,别人很少能够从她脸上见到笑容,她也没有什么朋友。幸福女神决定帮助这个小女孩,使她不再孤独。

幸福女神就带她去参观两座玫瑰园。当她们走进第一座玫瑰园时,里面阳光明媚,鸟语花香,随处可以听到爽朗的笑声。在里面遇到的每一个人,都会热情地跟她们招呼,并且送给她们一个真诚的微笑。之后,幸福女神就问小女孩道:"你喜欢这里吗?"

小女孩点了点头说:"喜欢。这里的人非常热情亲切。"

随后，幸福女神又带小女孩走进第二座玫瑰园。那里面死气沉沉的，天空阴郁，地上长满了杂草，玫瑰花也开得无精打采，她们见到的每一个人，都面带忧郁，没有一个人主动跟她们打招呼。

从第二座玫瑰园里出来之后，幸福女神又问小女孩道："现在你把这两座玫瑰园比较一下，你愿意生活在哪一座玫瑰园里呢？"

小女孩毫不犹豫地回答道："当然是在第一座玫瑰园里了，因为他们每个人的脸上都有着灿烂的笑容。"幸福女神抚摸着小女孩的头说："是啊，当你笑的时候，也就拥有了一座健康的玫瑰园。同时，你也就把自己的幸福分享给了身边每一个人，他们也会被你引入第一座玫瑰园。"

小女孩恍然大悟。她开始经常微笑地面对他人和生活。从此，她变成了一个人见人爱的小女孩。

听了妈妈讲过的这个故事，楚楚决定要练习微笑，一会儿抿着嘴，嘴角上扬，稍有笑意，一会儿露出几颗牙齿，眼睛眯成月牙状。

妈妈看到楚楚的各种鬼脸造型，忍俊不禁。

"其实楚楚，你根本没有必要刻意练习微笑的表情，只有发自内心的微笑才能准确无误地表达你的友好，缩短你和朋友的距离，使你更具有无人可敌的魔力。微笑是一种智慧的体现，善于恰如其分地展现自己微笑的人，绝对是一个聪慧而有修养的人。"

家长寄语

微笑无声,却传达着"我喜欢你""我表示欣赏、赞同""你很受欢迎"等丰富的含义。微笑,是为人处世中最有价值、最富有吸引力的面部表情。行走在不同民族不同地域,也许肤色不同语言不同,但是,只要微笑,一定能够打开一扇沟通的大门。

微笑能给对方良好的第一印象;微笑可以表示对他人的尊重和友好;微笑能打破僵局,解除人的心理戒备;微笑能表示对他人赞许、理解、谅解等态度。

不要小看微笑的力量,它能够让人以令人舒服的方式收获成功。一天,美国旅馆大王希尔顿在新旅馆营业员工大会上问大家:"现在我们旅馆新添了第一流的设备,你们觉得还应该配上哪些第一流的东西,才能使顾客更喜欢希尔顿旅馆呢?"员工们纷纷提出自己的意见,但希尔顿并不满意,他说:"你们想想,如果旅馆只有第一流的设备,而没有第一流服务员的微笑,顾客会认为我们提供了他们最喜欢的全部东西吗?如果缺少服务员美好的微笑,能使我们的上帝有回家的感觉吗?"

稍停片刻,希尔顿又接着说:"我宁愿走进一家设备简陋而到处充满服务员微笑的旅馆,也不愿去一家装饰富丽堂皇但不见微笑的旅馆。"

正是这微笑,让希尔顿旅馆赢得了不少顾客,给希尔顿带来了信誉和成功。的确,微笑是人际沟通的通行证。微笑能给人以温暖,令人愉悦和舒畅。

有人把微笑称为一种有效的"交际世界语",这是十分恰当的。正如罗杰·E·艾克斯泰尔所指出的:"有一个世界通用的动作,一种表示，一种交流形式，它存在于所有的文化与国家中，人们不分国别、不分种族地使用它，并理解它的含义。它可以帮助你与各种关系的人交往，不论是业务伙伴，还是朋友，它是人们交流中唯一最有用的形式。那就是微笑。"

与人初次见面，面露微笑，就好像具有一种磁力，使人顿生好感；见到老朋友，点头微笑，打个招呼，会使人感到你不忘旧情，是个重礼仪的人。服务人员自然地面露微笑，则会给人一种宾至如归的感觉。一家百货公司的经理曾说过，在录用女店员时，小学未毕业却能经常微笑的女子，比大学毕业而满脸冰霜的女子机会大得多。

要提醒你的是，在微笑时，要发自内心、发自肺腑，无任何做作之态，防止虚伪地笑。只有笑得真诚，才显得亲切自然，与你交往的人才能感到轻松愉快。切不可"皮笑肉不笑"或笑过了头，给人傻乎乎之感。

你知道吗，微笑其实是可进行技术性训练的。因为人们微笑之时，口角两端向上翘起。练习时，为使双颊肌肉向上抬，口里可念着普通话的"一"字音。还得训练眼睛的"笑容"。取厚纸一张，遮住眼睛下边部位，对着镜子，回忆过去的美好生活，使笑肌提升收缩，嘴巴两端做出微笑的口型，随后放松面部肌肉，眼睛随之恢复原形。还可以在多人中间，讲一段话，讲话时注意自己的笑容，并请同伴给予评议，帮助矫正。

微笑，可以化解人际交往过程中可能存在的一块块坚冰，并能够使自己的亲和力增值不少。

既然这样，那就微笑吧，因为太阳每天都是新的！

第六章

给日渐成熟的你

将快乐变成习惯

妈妈从花市买来了三株蝴蝶兰,很是好看。摆放在阳台上,在众多的花花草草中显得秀丽挺拔,而那粉色的花朵,从远处乍看,还真的很像是只蝴蝶呢。小夏和妈妈都很喜欢。

这天妈妈有事要出去,临走时吩咐小夏说:"小夏,听天气预报说今天会有阵雨。如果变天了,刮风下雨的话,你要记得把阳台外面的那几棵蝴蝶兰拿到屋里来。"

"好的,没问题。"小夏信誓旦旦地向妈妈保证。

妈妈走了之后,屋里只剩下小夏一个人了。她安安静静地在屋里面写作业。以至于外面刮起狂风居然毫无察觉。

当小夏算好了一道题目,伸个懒腰的时候,她突然发现,天阴沉沉的,要下一场大雨的样子。

"蝴蝶兰。"小夏的第一反应就是去阳台外面,可是当她跑过去的时候,发现那盆花已经没有了踪影。

哪里去了呢?小夏站在阳台上往下张望,原来那盆蝴蝶兰已经被风卷到楼下,摔个粉身碎骨。

这下完了,怎么向妈妈交代呢?小夏一下傻眼了。要知道这个花的价钱比较贵呢。

晚上妈妈回到家,小夏把事情原原本本地向妈妈交代一遍,已经做好了挨批评的准备。

"掉到楼下去了,没有砸到别人吧?"妈妈很关切地问。

"那倒没有,就是花都碎了。"小夏小声地说道。

妈妈听小夏沮丧的样子,安慰她说:"以后记得小心啊,反正也已经摔坏了,算了吧。"

"妈妈,你不生气吗?"小夏试探着问。

"我怎么会生气,我们买花是为了观赏,为了陶冶心情的。为什么要因为它生气呢?只是你今后做事要小心,知道吗?"妈妈安慰小夏道。

"嗯,以后我一定保证把花照看好。"小夏再一次信誓旦旦地保证,不会再失误了吧。

家长寄语

小夏,很多人经常对已经发生的事情追悔莫及,这其实是一种很正常的现象,人多多少少都会有这样的体验。

从某种角度上来看,这未尝不是一件好事,你可以从中吸取经验教训,避免下次重复出错,但不能一味地追悔感伤,沉浸于此。事情已经发生,局面已经形成,再也无法挽回,你应该学会放下过去,这样才能重新开始。

安东尼·罗宾就经常以愉快的方式来结束每一天。他告诫我们说:"时光一去不返。每天都应尽力做完该做的事。疏忽和荒唐事在所难免,尽快忘掉它们。明天将是新的一天,应当重新开始,振作精神,不要使过去的错误成为未来的包袱。以悔恨来结束一天，实在是不明智之举。"

罗宾鼓励我们做一个关门的人，就好像英国前首相的劳仑·乔治一样。

乔治有一天和朋友在散步，每经过一扇门，他便把门关上。朋友疑惑地说："你没必要把这些门关上。"乔治却说："哦，当然有必要。我这一生都在关我身后的门，你知道，这是必须做的事。当你关门时，也将过去的一切留在后面。然后，你又可以重新开始。"

你想成为一个快乐的人吗？其中最重要的一点就是要学会将过去的错误、罪恶、过失全部忘记，然后坚定地向前看。只有忘记过去的事，努力向着未来的目标前进，才能使自己不断走向辉煌。

有位企业家做了一个错误的决定，这个决定让他蒙受了巨大的损失。在这之后，他拒绝承认自己的失误，拒绝接受不可避免的事实，结果，他失眠了好几夜，痛苦不堪，但问题一点也没解决。更严重的是，这件事还让他想起了以前很多细小的挫败，他在灰心失望中折磨自己。这种自虐的情形竟然持续了一年，直到他向一位心理专家求救后，才彻底从痛苦中解脱出来。

事实上，如果我们研究一下那些著名的企业家或政治家，就会发现，他们大多都能接受那些不可避免的事实，让自己保持平和的心态，过一种无忧无虑的生活。否则，他们中的大部分人被巨大的压力压垮。

道理很简单：当我们不再反抗那些不可避免的事实之后，我们就能节省下精力，去创造一个更加丰富的生活。如果你的内心为此不断痛苦和挣扎，就仿佛在拧麻花，两股力量互不相让，那最终深陷泥沼的只有你自己。要知道你只能在两者中间选择其一：可以选择接受不可避免的错误和失败,并抛下它们往前走;也可以选择抗拒它们,变得更加苦恼。

当然,你可以尝试着不去接受那些不可避免的挫败,但这样势必使人产生一连串的焦虑、矛盾、痛苦、急躁和紧张,你会因此整天神经兮兮、不知所终。

有一句古老的犹太格言这样说:"对必然之事,轻快地加以接受。"在今天这个充满紧张、忧虑的世界,忙碌的你非常需要这句话。

所以,请接受不可避免的事实吧,然后以一种乐观的态度轻松地生活下去!

推销独特的自己

在凌凌的家庭成员中,姐姐是她的"偶像",因为凌凌的姐姐萌萌不仅是一个成绩优异的学生,而且还是一个很有办事能力的班干部。

凌凌经常分析萌萌姐姐如此强势的原因,这也许和她是白羊星座有关的缘故吧。

凌凌还记得当时萌萌姐姐还在上学的时候,班主任老师对她说:"你是个女孩,所以请你来当副班长好不好,我们再选一个男同学当正班长。"

没有想到的是,萌萌姐姐很果断地对班主任老师说:"如果要我当班长,我一定就当正班长,不要当副的。"

老师看到萌萌姐姐的态度如此肯定，那种自信让老师不得不相信萌萌姐姐是个有能力的学生，最后还是选择她任班长。而且，姐姐从一进校就当上了班长直到毕业，没有人能够取代她。

凌凌很为自己的姐姐叫好。

如果要问萌萌姐姐有什么"成功秘诀"没有，她一定会说："自己相信自己，让别人相信自己，然后努力去做就好了。"

这就是凌凌的姐姐，凌凌真希望有一天也能像她一样如此"强悍"。

家长寄语

凌凌，不管是参加班干部竞选还是进行社会实践，要想脱颖而出，每个人都必须有自我推销的能力。

也许当你看到"推销"这个词时会觉得诧异，因为在很多人看来，推销似乎针对的只是商品，而推销只是成人的"活计"，其实，事实上并非如此。

你想做班长，你就要列出你认为你可以当班长的优势，你想社会实践，你就要表明你的诚意，你的责任心、学习能力等。我们现在是学生，而有一天总会走上社会，你如何在这个竞争激烈的社会立足，让它接纳承认你。首先，你自己要能肯定自己，自己能够推销自己。

生活中，我们往往可以看到很多人的能力并不强，可是他却获得了一份很好的工作，有的人虽然满腹才学，却呆板木讷，碌碌无为，这并不难理解，前者之所以能获得不错的工作往往是因为他善于推销自己。而如果你认识不到自己的价值所在,推销又从何谈起呢?生活本身就是一个不断推销自己的过程,这也就要求我们必须学会推销,掌握推销技巧。

1960年,美国大选到了剑拔弩张的时候,在两位主要候选人约翰·肯尼迪和查理·尼克松之间展开了一场非常关键而激烈的电视辩论。

辩论前,很多政治分析家都一致认为肯尼迪处于劣势,因为他年纪轻,名气比较小,而且是一位天主教徒,虽然非常富有但是说话的时候操着浓重的波士顿口音。但是,实际上,美国观众在荧屏上看到的却是一个心平气和、说话很轻松又富有幽默感的肯尼迪先生,面孔十分讨人喜欢。坐在旁边的尼克松却显得饱经风霜,紧张而不自在,据说,就是通过这次电视辩论的对比,肯尼迪因为借机很好地推销了自己,从而赢得了美国大众的喜欢,最终打败了强劲对手尼克松。

如果想了解自己的价值,以至于能够成功地推销自己,我们应该做些什么准备工作呢?

第一,要了解自己的具体情况。比如通过问自己一些"我是什么样的人""我有什么优点和缺点""我能满足他人什么需要""我最擅长的事情是什么"等问题来了解自己。

第二,要充满自信心。在推销自己的时候,只有充满自信,才具有感染力,才能让对方相信自己的优秀,让对方明白接受你的推销才是当前他最好的选择。

第三,要有沟通表达能力。出众的口才和沟通能力更容易让别人相信你所说的每一句话,从而达到你的目的。平常你可以多和他人沟通，并通过辩论来提高自己的口才。

第四，注意外在形象。你不一定要拥有美丽的外表，但是务必要给人以清爽的感觉。

第五，认识对方。一个人要想成功地推销自己，还要弄清楚对方是谁，判断对方的看法和观点。再根据具体情况见机行事，不能盲目乱来。

此外，还需要掌握推销的要领：

1.要善于面对面推销自己，并注意遵守下面的规则：依据面谈的对象、内容做好准备工作；语言表达自如，要大胆说话，克服心理障碍；掌握适当的时机，包括摸清情况、观察表情、分析心理、随机应变等。

2.要有灵活的指向。萝卜青菜各有所爱，对人才的需求也是这样。有时你虽然针对对方的需要和感受去推销自己，仍然说服不了对方，没有被对方接受，那么你就应该重新考虑自己的选择。倘若期望值过高，就应迅叩将期望值降低一点；还可以到与自己专业技术相关或相通的行业去推销自己。美国咨询家奥尼尔这样说："如果你有修理飞机引擎的技术，你可把它变成修理小汽车或大卡车的技术。"

3.要有自己的特色，这样才能引起别人的注意。

4.应以对方为导向。要注重对方的需要和感受，并根据他们的需要和感受说服对方，并被对方接受。

5.要注意控制情绪。人的情绪有振奋、平静和低潮等三种表现形式。在推销自己的过程中，善于控制自己的情绪，是一个人自我形象的重要表现方面。情绪无常，很容易给人留下不好的印象。为了控制自己开始亢奋的情绪，美国心理学家尤利斯提出三条忠告：

低声、慢语、挺胸。

没有人天生就是自我推销的高手,也许你胆小害羞,也许你不善言谈,而自我推销无疑是对你自己的一个巨大挑战,勇敢地向自己挑战吧!

谁都不是世界的中心

再过几天就是晓白的生日了,爸爸妈妈说今年要给晓白过一个"豪华级别"的生日——举办生日晚会,请了很多的人过来陪她一起过生日,除了爸爸妈妈的一些比较要好的朋友、同事之外,晓白也想请她班上的同学过来。

晓白兴冲冲地抓起了电话听筒,给所有能想到的人都打了电话,最后她想起了班上有一个最不爱说话的男生张亮,晓白也想邀请他过来,让他和同学们关系更加融洽一些。

"张亮,下个周六的晚上,我要在家里举行一次生日晚会,我和爸爸妈妈都希望你能够参加,你有时间吗?"

"我还是不去了吧,路途太远了,怕晚上回来之后不方便。"

其实晓白心里清楚,张亮是害怕见到许多的陌生人,于是晓白安慰他说:"没事的,咱们班上有很多同学都来了,我还和妈妈说了,你的口琴吹得特别好,给你安排一个节目。如果你不来的话大家会感到遗憾的。"

"这样……那好,周末我过去吧。"电话那头的张亮终于大大方方地答应了。

妈妈在晓白后面一直听她打电话,她表扬晓白说:"晓白做得不错,你能够让别人感觉到他在你心目中的重要地位,这是一个很好的习惯啊。每一个人都有被尊重的需要,我们要满足人们的这种需要,这样很多事情都会迎刃而解。"

"嗯,那我们怎样才能让别人感觉到自己很重要呢?"晓白想进一步请教妈妈。

"其实很简单,只要在生活中不吝啬自己对他人的由衷赞美和认可,能尊重他人的兴趣爱好,在你的尊重和认可中让对方认识到自己的价值就可以了。这也是发挥你影响力的一种重要途径。"

嗯,晓白明白了,在生活中要懂得尊重别人,赞美别人,因为自己并不是这个世界的中心。

家长寄语

晓白,很多人都会有类似的体会:当被别人夸奖学习成绩好时,你的心里顿时觉得美滋滋的。当别人说你很懂礼貌时,你的笑容顿时绽放如花,当有人夸你漂亮,你会一整天心情愉悦,卡耐基也曾说:姓名是最甜蜜的语言,当你与有交往时,提出他的名字,并真诚地赞美他时,往往这样的人更容易走向成功……

而当你由衷地赞美对方时,你会发现,对方的反应也会同你一样。甚至是两个陌生人之间,也会因为一句赞美而迅速地拉近了距离。

每个人都渴望得到别人及社会的肯定和认可，尤其在付出了必要劳动和热情之后，都期待着别人的赞美。所以，不妨把自己需要的东西先慷慨地奉献给别人，而这无疑是在给你的人际交往添加润滑剂。

世界上的人大都爱听好话，没有人打心眼里喜欢别人来指责他，就是相濡以沫的朋友，你批评几句，对方往往脸上也有挂不住的时候。

美国哈佛大学的专家斯金诺通过一项实验研究证明，连动物的大脑，在收到鼓励的刺激后，大脑皮质的兴奋中心也会开始起劲调动子系统，从而影响它行为的改变。同样的道理，人作为万物的灵长，期望和享受欣赏是人类的基本需求之一。

林肯有一次在写信时，开门见山地说："任何人都喜欢受人奉承。"美国著名心理学家威廉·詹姆斯也说："人性深处最大的欲望，莫过于受到外界的认可与赞美。"

人类正是因为有这种渴望与价值的冲动，才会有人在一文不名、帮人打杂的情况下，仍不惜花掉仅有的微薄工资，去买法律书来看，充实自己、提高自己。

这个可怜的杂工绝非虚构，他就是美国前总统林肯。

人类大部分的成功和失败都源于对这种需求的满足。许多在事业上卓有成效的伟人正是因为他们懂得这种取人之术——真诚地赞美他人。

罗斯福的才能，就表现在对正直人给予恰当的称赞上。

然而，现实生活中，我们却往往忽略了赞美。通常情况下，我们不惜一切也会去供给我们的家人、朋友生理所需的养分，但却从未注意到他们的自尊一样需要细心的灌溉、滋养，适度的赞美和鼓励将会像一首优美的乐章一样，在他们心中萦绕不去。

当然，如果赞美并非发自内心，而是流于一种肤浅、做作的巴结或谄媚，将是毫无意义的。那种虚假的并非发自内心的赞美，就像假钞一样，胡乱使用，早晚会惹来一身麻烦。

人一生中，除非碰上了什么重大问题；否则，至少有95%的时间都花在想自己的事情上。如果我们肯稍歇片刻，试着去想想别人的优点，唯有如此，我们才有可能真诚地赞美别人，而不至于口是心非，纯为外交辞令式的恭维谄媚了。

只要给予他人由衷的认可和毫不吝惜地赞美，人们自会感怀在心，牢记着你的每一句话，甚至在你早就忘掉自己的赞美之后，他们仍将视同珍宝般反复地在记忆中取出，慢慢地品味、咀嚼。

赞美的力量是巨大的，所以，在面对别人的时候，发现对方的优点，并给予真诚的赞美吧！

放弃是一种智慧

金秋时节，瑶瑶和同学们相约来到农村乡下，此时正值捉蚂蚱的最佳时机。

"瑶瑶，你看，这只蚂蚱有些与众不同，它的头顶上有两个橘红色的点，你看到没有？"听到好伙伴媛媛的呼唤，瑶瑶凑了过去，果然发现一只与众不同的蚂蚱，尤其是它头上的两个橘红色斑点与绿色的外衣配在了一起，特别的惹眼。

"媛媛,快把它捉住吧。"瑶瑶赶快提醒媛媛。

"好。"媛媛朝那只蚂蚱下手过去。

不过这只聪明的蚂蚱似乎发现了媛媛的企图,它从一只草叶急忙跳向另一只草叶,还险些滑了下来。

而媛媛也不会善罢甘休。最终这只蚂蚱终于落到了媛媛的手里,媛媛是利用它长腿的弱点把它捕获的。

她手里紧紧抓着蚂蚱向我炫耀:"瑶瑶,你看我抓到了。"

"媛媛,你手里根本就没有啊。"瑶瑶过去看媛媛的手中,分明只有两只后腿。

"蚂蚱跑了,它居然丢掉了自己的两只腿。"媛媛看到那两条腿,想到蚂蚱为了逃命居然会硬生生地把自己的后腿扯掉,不免有点心疼,"我只是想把它抓过来玩一玩,并不想弄死它啊。"

瑶瑶和媛媛不禁一起为这只蚂蚱感叹:真是一只懂得生存智慧的蚂蚱,在面临生死存亡的关头,能够理智地做出最有利于自己的选择。

家长寄语

瑶瑶,在你做出选择的那一刻,也就意味着你放弃了一些东西。放弃一个对自己的成长不利的坏习惯,放弃一个带自己步入歧途的"朋友",甚至放弃一个很不错但不适合自己的工作,都并不是你的损失。相反,去除一个坏毛病、绝交一个坏朋友,可以使青少年朋友很好地保护自己不受到伤害;而放弃一个看似不错的发展机会,会激励你继续学习、不断进步。

柏林爱乐乐团素有"世界第一交响乐团"之称,而它的首席指挥也素有"世界第一指挥"之称,因而,柏林爱乐乐团首席指挥的位置几乎是所有指挥家所梦想的。然而,当柏林爱乐乐团决定聘请英国著名指挥家西蒙·布特尔担任首席指挥时,布特尔却出人意料地拒绝了。许多人都对布特尔的放弃感到不可理解。对此,布特尔说:"柏林爱乐乐团是以演奏古典音乐而闻名于世的,而我对于古典音乐的理解还不够透彻,如果我接受了邀请,恐怕不能带领柏林爱乐乐团迈上一个台阶,反而会起到阻碍作用。再好的机会,如果你没有能力把握,那么还是放弃为好。"这之后,布特尔默默地学习研究古典音乐。经过10年的努力,布特尔以对古典音乐的不懈追求和透彻理解及自己精湛的指挥和表演一次次取得了成功,令听众为之倾倒。当他再一次接到柏林爱乐乐团的邀请时,布特尔没有丝毫惊讶,也没有丝毫犹豫,毅然接受了邀请。他以自己出色的指挥,创造了音乐史上一个又一个奇迹。

生命有涯,而以有限的生命去追求现实世界那无限美好的万事万物,必须加以选择,学会放弃。放弃是一种智慧,一样东西再好,如果客观条件不成熟或者主观上还没有能力把握,那么还是放弃的好。布特尔第一次拒绝出任首席指挥就是如此。懂得放弃的人,知道什么该放弃,什么不该放弃;他们既不盲目追求不属于自己的东西,也不轻易放弃属于自己的东西。放弃该放弃的,那是勇气;不该放弃的不放弃,那是豪气;该放弃的不放弃,那是怄气;不该放弃的放弃,那是傻气。

放弃是一种智慧,放弃不等于抛弃。抛弃是一种妥协,是一种让步，是一种彻底的失败。放弃是一种超脱，是一种激励，更是一种策略——是为了腾出空间来接纳其他更多、更好的东西。布特尔第一次的放弃，使他有更多的时间去学习研究古典音乐，为他再次接受柏林爱乐乐团的邀请，担任首席指挥，创造音乐史上一个又一个奇迹奠定了基础。正是他第一次的放弃，成就了他最后的成功。

放弃是一种智慧。在忙碌的生活节奏中，放弃一些东西，可以让你有时间享受另外一些轻易不能够得到的东西。正如父母经常会放弃聚会，选择陪你在家里过周末，这是他们对你的爱的表示。你与父母在一起，深深地体会到这份爱，也会将这份爱以另一种方式反哺给父母。学会放弃，放弃一些东西，有时你会发现一种不一样的美丽。

放弃，其实并不是完全让你去以消极的态度去面对人生。相反的，是让你真正的学会放弃。用正确的判断力去学会放弃一些东西，从而不再去做那些"明知不可为而为之"的事情。

学会放弃，面对现实。其实，一生中有着很多的事情需要你去做，但是你并不能使自己把每件事情都做好。所以，你就必须学会放弃，去把那些你认为该去做的事情做得更好。

生活就是如此，很多看似美好的东西会使你失去另外一样东西，而这样东西往往才是你真正喜欢的。懂得放弃，才能让你得到适合自己的东西，这是一种人生智慧，希望青少年朋友能够慢慢体会。

没有完美的选择

晚上甜甜的妈妈有收听广播的习惯,在所有妈妈收听的节目中,甜甜最喜欢的是安然主持的《财富星空》。

晚上甜甜要回房间写作业了,临走之前不忘告诉妈妈:"妈妈,等《财富星空》开始的时候,您一定要叫上我。我们一起听吧。"

"好啊。你也喜欢安然的这个节目。"妈妈笑着说。

"当然,她的声音和妈妈的声音很像。"甜甜说道。

这次在《财富星空》节目中,主持人讲述了一个比尔·盖茨的故事:

在比尔·盖茨读中学的时候,他接到全国最大的国防用品合同商 TRW 公司的电话,要他南下面试。为了实现自己的梦想,比尔·盖茨征得学校的同意,做了三个月的"临时工作"。

三个月后,比尔·盖茨回到学校。他补上三个月中落下的功课,并参加期末考试。对他来说,电脑当然不在话下,他毫不担心。

其他功课他也很快赶上了。结果他的电脑课老师只给了他一个"B",原因当然不在于他考试成绩不佳——他考了第一名——但他从不去听这门课,在"学习态度"这条标准中被扣了分。但比尔·盖茨并没有抱怨什么,而是接受了这种不公平的现实,并把这种得失置之度外,集中精力做数据的编码工作。他成了名副其实的电脑程序员,具备了坚实的编程基础和丰富的经验,最终成就了自己。

节目结束了之后,比尔·盖茨接受生活中不公平的故事还在甜甜的脑海中回荡。

甜甜真是有点搞不明白:"妈妈,这种不公平,为什么要接受?如果社会到处都是公平的,我们的生活该有多幸福啊。"

"实际上,不公平是一种正常的存在,在这个世界上,贫穷、战争、疾病、犯罪、吸毒等不平等的现象不是仍旧存在吗?"

在这个不公平的世界,甜甜不明白要怎样适应才行?

"是这样的,生活中会有很多不公平的事情出现,承认生活中的不公平并不是要求我们不尽力去改变这个世界,正好相反,而是在不公平的面前激发自己的潜能,让自己生活得更好。"妈妈说道。

哈!甜甜明白了妈妈的话,在成长的道路上又前进了一步。

家长寄语

一位教育专家说:"五天的学校教育往往抵不过社会两天的晕染。"学校德育侧重于正面教育,灌输的是真、善、美的东西,而现在的孩子在家庭、社会却耳闻目睹了许多光怪陆离、纷繁复杂的社会现象,所以,一旦走出校园感到多姿多彩的社会时,便感到学校老师灌输的思想信念、道德情操显得那么单薄、那么脆弱。

达尔文有一句经典的理论:"适者生存。"适者生存也就是随着社会的发展趋势解决遇到的问题。一个人不能左右社会发展的趋势,社会更不能按照一个人的意愿发展。我们每个人都不能脱离人群，脱离社会而生活，如果不适应社会的变化，就会被社会所遗弃。只有适应别人，适应社会，我们才能长大，变得成熟。

有这样一个故事：

很久很久以前，人类都还赤着双脚走路。

有一位国王到某个偏远的乡间旅行，因为路面崎岖不平，有很多碎石头，刺得他的脚又痛又麻。回到王宫后，他下了一道命令，要将国内的所有道路都铺上一层牛皮。他认为这样做，不只是为自己，还可造福他的人民，让大家走路时不再受刺痛之苦。

但即使杀尽国内所有的牛，也筹措不到足够的皮革，而所花费的金钱、动用的人力更不知要多少。虽然根本做不到，甚至还相当愚蠢，但因为是国王的命令，大家也只能摇头叹息。

一位聪明的大臣大胆地向国王提出建议："国王啊！为什么您要劳民伤财，牺牲那么多头牛，花费那么多金钱呢？您何不只用两小片牛皮包住您的脚呢？"国王听了很惊讶，但也当下领悟，于是立刻收回成命，采取这个建议。据说，这就是"皮鞋"的由来。

故事告诉我们这样的道理：想改变世界，很难；要改变自己，则较为容易。与其改变全世界，不如先改变自己——"将自己的双脚包起来"。

当遇到事情不是那么尽如人意的时候，最好的方法是改变自己的某些观念和做法，以抵御外来的侵袭。当自己改变后，眼中的世界自然也就跟着改变了。如果你希望看到世界改变，那么第一个改变的必须就是自己。

适应需要坚强的意志和顽强的耐心。有时就像婴孩从母体里脱离，要适应到外面的世界生存一样，挣扎是痛苦的，但痛苦后的啼哭又是十分幸福的。

适应是对你智慧技能的一种消耗。所以,在适应中我们还需不断加强知识的积累和体能的锻炼,储备良好的智慧、体能等竞技食粮。

学会适应生活、适应社会,是一个深思熟虑的过程。切忌在摸清目标背景的实质前盲目行动。适应的过程,是一道精确的算术题,你的内心必须有2~3个熟练的解题公式。这样,你才会立于不败之地。

生活中,又应该如何去适应种种变化呢?

首先,加强自我认识能力的培养。要对自己有一个客观的了解,知道自己的优势和不足,有优点不要骄傲,有缺点不必自卑,当遇到困难时才不至于产生心理失衡。

其次,训练良好的自控能力。培养自己的自控能力,学会用友好的方式解决问题,当产生矛盾时,避免出现攻击行为。

再次,提升自我解压能力。由于生活经验不足,承受能力有限,在遇到困难和矛盾的时候可能不会调整和控制自己的情绪,这时要让自己学会缓解精神压力,懂得宣泄和放松,才能保持心理平衡和良好的心态,才能冷静地处理遇到的困难,并保持愉快的心情。

最后,增强有效解决问题的能力。当矛盾和冲突无法回避时,需要学会应对的技巧和方法。此时应该自主寻求解决问题的突破口和方法步骤,学会主动适应环境,从遇到的问题中解脱出来。

在今天这个世界中,唯一不变的就是变化,而计划也总是赶不上变化。而人们依然要好好地生活在这个世界上,这就需要人不断地转变自己的观念,积极地应对。如果脚下真的不平,而土地短时间内又没有办法改变,那就用一块布把自己的脚裹起来吧,那样自己依然能走得很好。

试着寻找这么一块布，寻找适应变化的方法吧！

时时不忘展示自己

"这道题全班三分之二的同学都做错了，谁现在会做了，到黑板上来写，并且给大家讲讲。"老师把一道很"迂回"的题目写在黑板上，请会做的同学上来做。

英子偷偷地瞄了敏敏一眼，这么难的题目，想必也只有敏敏会做了吧。没想到，敏敏一本正经地坐在位子上，也不曾抬头。难道她也不会做吗？

"敏敏，这道题你能上来给大家讲讲吗？"老师郑重地问她。

"不会。"她小声说了一句，然后又低下头去。

"试卷上你做对了啊。"老师看看试卷，又看看她。

敏敏只管摇头，一句话不说。

呵呵，英子暗自笑道，这个敏敏也有腼腆的时候啊。

下了课，英子跑去找敏敏："刚才那道题你肯定会做，为什么不上去呢？"

"太张扬了，怕同学说我是臭显摆，遭人嫉妒怎么办？"看到敏敏这样的一本正经，英子"扑哧"一声就笑了，没想到这个小家伙还有这等歪心眼啊，以前小瞧她了，哈哈。

家长寄语

在日常的生活中,有些女孩并不愿展示最棒的自己,认为展示才华是一种炫耀,是虚荣的表现。实际上,这种想法是大可不必有的。人生是一个大舞台,每个人都是舞者,将最精彩最优美的舞姿奉献给观众,一定会博得热烈的掌声和美丽的鲜花。

在有一年的春节联欢晚会上,全国亿万观众同时被一个节目深深地感动了。这是个群舞,叫作"千手观音"。表演者动作分配有序,节奏感很强。全场演出,观众只看到了一张生动美丽的面孔,而其他演员只扮作"千手"的角色,只让观众看到了他们的手臂。这场演出是精美的,是成功的。而更加令人感到震惊和感动的是:这个舞蹈的所有演员全部是聋哑人。他们听不到一点声音,也无法利用有声语言进行交流,他们在表演时对音乐节奏的把握完全取决于舞台旁几位聋哑老师手语的指导和平时的训练。

舞台上,这些舞者是光彩照人的,他们的每一个动作都精确到位,优美异常,让观众切切实实地感受到了"千手观音"般的神圣。舞者们在舞台上将自己最美的一面展示给了观众,他们赢得的不只是鲜花和掌声,还有观众们的喜爱和尊敬。

展示并不等同于炫耀,同样,炫耀也不是完美的展示。每个人都有表现自己才华的权利,而且应该鼓励这种展示。但是,如果拿自己的才华作为炫耀的资本,这种行为是大大不可取的。

某位影视明星上大学时的一段经历,会对青少年朋友有所启示:他在北京电影学院学习表演专业,学习认真,成绩优异。刚刚大三就已经上演了几部电影,并在其中一部担当主演。导演很看好他,老师很欣赏他,同学也很羡慕他。他渐渐地感觉飘飘然了。逢人便谈自己演的电影，自己塑造的角色，连课堂发言也如此。老师让分析角色，他说着说着便又扯到了自己的电影上，一来二去，同学觉得没有新意，颇有不满之词。

"是老师的一番话让我开了窍，"他说，"那天我又不自觉地谈到了我原来参与的电影，这时，我们的教授抬手示意我先停一下，老师在讲台上踱着步子，向左走五步回来，再向右走五步，再回来，反复几次之后，停在了他原来站的那个位置上，对大家（可我感觉到目光是直视我的）说：'你们都是优秀的。也许今天你们为能在北影读书感到骄傲，可北影总有一天会为你们感到自豪。这，需要你们经历过无数次的锻炼与打磨。如果你们只满足于自己目前的状态，为现有的一点点小成绩而沾沾自喜，那么只能像我刚才在讲台上踱步一样，最终回到原点，没有突破。'老师的话只有几句，只讲了不足一分钟，却在我耳边回荡了近三十年，直到现在。"

他说老师的这段话造就了他今天的成绩。他从此明白了，作为演员，就要大胆地去展示，尝试塑造各种不同的人物造型，但这只能是在银屏上，退下银屏，就要有所收敛，昨日再辉煌的成就也不足以成为今日炫耀的资本。在生活中，要谦和，才能搞好家庭内部和邻里之间的关系；在学习中，要谦虚，才能学到真才实学并能够博采众长。

在需要展示你的才华时，就充分地去展示，做到热情洋溢、落落大方；在不适宜展示自己时，就要做到韬光养晦，含而不露。如此收放自如，既展示了自己的风采，又有效地保护了自己，这是你应该学会的。

真诚并不等于一直讲大实话

"佩佩,已经十一点多了,你怎么还不睡觉啊?"妈妈进来催促佩佩赶快休息,"是不是白天又没有抓紧时间,再不睡觉的话明天又该起不来了。"

"妈妈,我一会儿再睡,我要想出一个作文思路再睡。"佩佩对妈妈说。

"你思考的是什么作文题目呢?"妈妈好像对佩佩的思考很有兴趣,饶有兴味地问她。

"是一个话题作文,关于狼来了的故事。这是一个很老套的故事,但是命题要求需要从一个新颖的角度来写。我想了很多,还是觉得不够新颖,这些题目都落了俗套。"

佩佩说着把自己想出来的题目给妈妈看:不要做撒谎的孩子、撒谎会让我们陷入困境、撒谎的孩子不可爱。

"嗯,确实一般般,这样的作文不会得高分的。"妈妈直言不讳地跟佩佩说,"因为你在思考命题的时候没有跳出一个圈,那就是你的思维一直局限在撒谎不可取这个观念中,所以就跳不出来了。"

听了妈妈的话,佩佩好像觉得妈妈有思路了,于是满怀希望地问道:"妈妈,您认为呢?"

"难道撒谎就全是错的吗?你可以想想,有些撒谎是正确的啊。"妈妈启发佩佩。

啊?撒谎还有正确和不正确之分吗?在佩佩的观念中,只要是撒谎就都是不正确的。妈妈的想法一定是错了吧?

"佩佩,其实在生活中也有很多善意的谎言,也许你现在还小,体会不到的缘故吧。我来给你讲讲关于这方面的感人故事吧。"

"嗯,好的,我特别想听。"佩佩拖着小脑袋,一下子忘记了睡意。

家长寄语

佩佩,我们先从一个故事讲起吧。

一天中午,克米里太太刚到厅门,就听见楼上的卧室有轻微的响声,那响声对于她来说太熟悉了,是阿马提小提琴的声音。

"有小偷!"克米里太太急忙冲上楼。果然,一个大约11岁的陌生少年正在那里摆弄小提琴。他头发蓬乱,脸庞瘦削,不合身的外套里面好像塞了某些东西,毫无疑问他是一个小偷。克米里太太用自己的身躯挡在了门口。

这时,克米里太太看见少年的眼里充满了惶恐、胆怯和绝望。那是一种非常熟悉的眼神。刹那间,让她想起了往事……愤怒的表情顿时被微笑所代替。她问道:"你是克米里先生的外甥琼吗?我是他的管家。前两天,克米里先生说你要来,没想到来得这么快!"

那个少年先是一愣,但很快就回应说:"我舅舅出门了吗?我想先出去转转,待会儿再回来。"克米里太太点了点头,然后问那位正准备将小提琴放下的少年,"你也喜欢拉小提琴吗?"

"是的,但拉得不好。"少年回答。

"那为什么不拿着琴去练习一下呢？我想克米里先生一定会很高兴听到你的琴声的。"她语气平缓地说。少年疑惑地望了她一眼，但还是拿起了小提琴。

临出客厅时，少年突然看见墙上挂着一张克米里太太在歌德大剧院演出的巨幅彩照，身体猛然抖了一下，然后头也不回地跑远了。克米里太太确信那位少年已经明白是怎么回事，因为没有哪一位主人会用管家的照片来装饰客厅。

那天黄昏，回到家的克米里先生察觉到异常，忍不住问道："亲爱的，你心爱的小提琴坏了吗？"

"哦，没有，我把它送人了。"她缓缓地说道。"送人？怎么可能！你把它当成了你生命中不可缺少的一部分。"克米里先生有些不相信。

"亲爱的，你说的没错。但如果它能够拯救一个迷途的灵魂，我情愿这样做。"看见丈夫一脸的迷惑，她就将事情经过告诉了他，然后问道："你觉得这么做有什么不对吗？"

"你是对的，希望你的行为真的能对这个孩子有所帮助。"丈夫说。

五年后，在一次音乐大赛中，克米里太太应邀担任决赛评委。最后，一位叫里特的小提琴选手凭借雄厚的实力夺得了第一名！评判时，她一直觉得里特似曾相识，但又想不起在哪里见过。

颁奖大会结束后，里特拿着一只小提琴匣子跑到克米里太太的面前，脸色绯红地问："太太，您还认识我吗？"克米里太太摇了摇头。"您曾经送过我一把小提琴，我一直珍藏着，直到有了今天！"里特热泪盈眶地说："那时候，几乎每一个人都把我当成垃圾，我也以为自己彻底完了，但是您让我在贫穷和苦难中重新拾起了自尊，心中再次燃起了改变逆境的熊熊烈火！今天，我可以无愧地将这把小提琴还给您了……"

里特含泪打开琴匣,克米里一眼瞥见自己的那把阿马提小提琴正静静地躺在里面。她走上前紧紧地搂住了里特的手,五年前的那一幕顿时重现在她的眼前,原来他就是"克米里先生的外甥琼"!克米里太太眼睛湿润了,少年没有让她失望。

佩佩,撒谎确实不是一个好习惯,但并不是所有的谎言都会给我们的生活带来痛苦,有些谎言之所以美丽是因为它建立在善意的基础之上的。如果善意的谎言用得恰到好处,会为我们的生活增添更多的感动。

结交更多的朋友

悠悠赖在家里和妈妈聊天,妈妈喝了杯水,对悠悠说道:"悠悠,在生活中,个性的魅力是最能吸引他人注意的,通过自己的个性最能够彰显一个人的影响力,这种影响力实质上是通过得到别人的喜欢而发挥出来的。"

悠悠好奇地问妈妈:"我希望自己有更多更多的好朋友,怎样才能得到别人的喜欢呢?"

妈妈笑而不答,却反过来问悠悠:"你认为怎样做才好呢?"

悠悠想了一下,并没有得到合适的答案,妈妈就给悠悠讲了一个故事:

美国总统西奥多·罗斯福不仅是政界耀眼的明星,在日常的生活中他同样是一个异常受欢迎的人,不管是政府官员还是他的亲戚朋友,就连仆人都喜爱他。他的那位黑人男仆詹姆斯·亚默斯,写了一本关于他的书,取名为《西奥多·罗斯福,他仆人的英雄》。在那本书中,亚默斯说:

"有一次,我太太问总统关于一只鹑鸟的事。她从没有见过鹑鸟,于是他详细地描述了一番。没多久之后,我们小屋的电话铃响了。我太太拿起电话,原来是总统本人。他说,他打电话给她,是要告诉她,她窗口外面正好有一只鹑鸟,又说如果她往外看的话,可能看得到。

"他时常做类似的小事。每次他经过我们的小屋,即使他看不到我们,我们也会听到他轻声叫出:'呜,呜,呜,安妮!'或'呜,呜,呜,詹姆斯!'这是他经过时的一种友善招呼。"

有一天,罗斯福到白宫去拜访,碰巧塔虎脱总统和他太太不在。他喜欢卑微身份者的情形全表现出来了,因为他向所有白宫的仆人打招呼,都叫出名字来,甚至厨房的小妹也不例外。当他见到厨房的亚丽丝时,就问她是否还烘制玉米面包。亚丽丝回答说,她有时会为仆人烘制一些,但是楼上的人都不吃。

"他们的口味太差了,"罗斯福有些不平地说,"等我见到总统的时候,我会这样告诉他。"亚丽丝端出一块玉米面包给他,他一面走到办公室去,一面吃,同时在经过园丁和工人的身旁时,还跟他们打招呼……他对待每一个人,就同他以前一样。他们仍然彼此低语讨论这件事,而艾克胡福眼中含着泪说:"这是将近两年来我们唯一有过的快乐日子，我们中的任何人，都不愿意把这个日子跟一张百元大钞交换。"

"你知道罗斯福为什么受到那么多的人的喜爱吗？"妈妈讲完故事后问悠悠。

"是因为罗斯福对每一个人都真正关心。"

"对他人的关心让他赢得别人对他的敬爱，这是罗斯福成功的秘诀之一，也让他成了一个很有影响力的总统。悠悠，其实我们每一个人都希望得到别人的喜欢，罗斯福的成功告诉我们一个真理，只有真正喜欢别人的人才能得到别人的喜欢。"妈妈说。

"妈妈。我明白了。我们要关心他人，一个只会关心自己的人很难得到他人的喜欢，过度喜欢自己的人，把精力都放在了关心自己身上，别人无法从他那里得到关心，当然也不会注意他。"

妈妈说："对，就是这个道理。要想得到别人的喜欢，我们就要先去喜欢别人。"

家长寄语

悠悠，友爱是人在一生中最值得珍藏的一笔财富。当你取得了巨大的成绩，他像你一样沉浸在幸福之中；当你遭遇困境厄运，他同你一样悲痛忧伤。不论你遇到什么事情，你时刻都会感觉到在这个社会上你不是一个人在孤立无助地生活，你时刻都在另一双眼睛的视野里，你时刻都在另一颗心灵的关怀中。

真正的友情是我们最宝贵的财富，为了友情，我们甚至可以放弃生命。

在越南有这样一个故事:

几发炮弹突然落在一个小村庄的一所由传教士创办的孤儿院里。传教士和两名儿童当场被炸死,还有几名儿童受伤,其中有一个小姑娘,大约8岁。

村里人立刻向附近的小镇要求紧急医护救援,这个小镇和美军有通信联系。终于,美国海军的一名医生和护士带着救护用品赶到了。经过查看,这个小姑娘的伤最严重,如果不立刻抢救,她就会因为休克和流血过多而死去。

输血迫在眉睫,但得有一个与她血型相同的献血者。经过迅速验血表明,两名美国人都不具有她的血型,但几名未受伤的孤儿却可以给她输血。

医生用掺和着英语的越南语,护士讲着仅相当于高中水平的法语,加上临时编出来的大量手势,竭力想让他们幼小而惊恐的听众知道,如果他们不能补足这个小姑娘失去的血,她一定会死去。

他们询问是否有人愿意献血。一阵沉默做了回答。每个人都睁大了眼睛迷惑地望着他们。过了一会儿,一只小手缓慢而颤抖地举了起来,但忽然又放下了,然后又一次举起来。

"噢,谢谢你。"护士用法语说,"你叫什么名字?"

"恒。"小男孩很快躺在草垫上。他的胳膊被酒精擦拭以后,一根针扎进他的血管。

输血过程中,恒一动不动,一句话也不说。

过了一会儿,他忽然抽泣了一下,全身颤抖,并迅速用一只手捂住了脸。

"疼吗,恒?"医生问道。恒摇摇头,但一会儿,他又开始呜咽,并再一次试图用手掩盖他的痛苦。医生问他是否针刺痛了他,他又摇了摇头。

医疗队觉得有点不对头。就在此刻,一名越南护士赶来援助。她看见小男孩痛苦的样子,用极快的越语向他询问,听完他的回答,护士用轻柔的声音安慰他。顷刻之后,他停止了哭泣,用疑惑的目光看着那位越南护士。护士向他点点头,一种消除了顾虑与痛苦的释然表情立刻浮现在他的脸上。

越南护士轻声对两位美国人说:"他误会了你们的意思,以为自己就要死了。他认为你们让他把所有的鲜血都给那个小姑娘,以便让她活下来。"

"但是他为什么愿意这样做呢?"护士问。

这个越南护士转身问这个小男孩:"你为什么愿意这样做呢?"

小男孩只回答:"因为她是我的朋友。"

故事让人震撼!这个越南小男孩为了救他的朋友,甚至甘愿献出他自己的生命。由此我们可以看出,有的时候,友爱是无价的,它甚至可以超越生命。

无须更多的语言,做一个辛勤的耕耘者吧,去耕种那一片友谊的花园。

给人赞美,给人认同

"绿树阴浓夏日长,楼台倒影入池塘;水晶帘动微风起,满架蔷薇一院香。"眼下正值盛夏的午后,楼下的小区花园里的景色便如同诗中的境界。粗粗的柳树投下斑驳的影子,正好遮挡了秋千,池塘里的鱼活蹦乱跳,满墙的蔷薇争先恐后地开着,处处弥漫着沁人心脾的花香,整个花园一派生机勃勃的气象。

奇奇和几个小伙伴正在楼下嬉戏玩耍,闲聊着别的同学的事情,其间也少不了造谣:卡卡喜欢上了阿蒙,他们在一起牵手逛街呢;悠悠是个小偷,偷了很多同学的东西;露露不是亲生的,她的爸爸妈妈从来都不管她;洋洋的爸爸是做轮椅的……

这时,妈妈听到了几个孩子的谈论,她摇了摇头。过来对奇奇说:"奇奇,跟我上楼来吧。"奇奇感到事情不妙,只好乖乖地跟了上来。

回到家之后,妈妈并没有和奇奇讲大道理,而是先讲了个故事给她听:

清朝的时候,清河县有一位非常睿智的老人,无论是富人还是穷人都非常爱戴他,都追随他,喜欢他,这一切都是因为他的善解人意。

有一次,一位邻居的年轻女孩来到他面前倾诉自己的苦恼。他明白了这个孩子的缺点,其实她心地倒不坏,只是她常常说三道四,喜欢说些别人的闲话。这些闲话传出去后就会给别人造成许多伤害。

老人说:"你不应该谈论他人的缺点,你明知这样做不好,可就是控制不了。我知道你也为此苦恼,现在我命令你做一件事情。你到市场上买一只母鸡,走出城镇后,沿路拔下鸡毛并四处散布。你要一刻不停地拔,直到拔完为止。你做完之后就回到这里告诉我。"

女孩觉得这是一件非常奇怪的事情,但为了消除自己的烦恼,她没有任何异议。她买了鸡,走出城镇,并遵照老人的吩咐一路不停地拔下鸡毛。然后她回去找老人,告诉他自己按照他说的做了。老人说:"你已完成了这件事情的第一部分,现在要进行第二部分。你必须回到你来的路上,捡起所有的鸡毛。"

女孩为难地说:"很难做到吧?在这时候,风已经把它们吹得到处都是了。也许我可以捡回一些,但是我不可能捡回所有的鸡毛。"

"没错,我的孩子。你脱口而出的愚蠢话语就如同这些鸡毛,一旦拔下,就很难收回。你给别人所造的谣言,在你想收回的时候能收回来吗?"女孩说:"不能。"

"那么,当你想说别人的闲话时,请闭上你的嘴,不要让这些羽毛散落路旁。"老人语重心长地对她说。

听妈妈讲了这个故事之后,奇奇明白了妈妈的意图:"妈妈,我以后不会再随便背后议论别人了。"

妈妈对她说:"奇奇,其实说一些闲话去恶语中伤别人,这对于自身是没有什么好处的,只会使自己失去越来越多的朋友,让越来越多的人讨厌你。作为一个有修养的孩子,这样做是不恰当的,倒不如多去赞美别人。谁都喜欢被别人赞美,哪怕你一句简单的赞语,都会使别人感到无比温馨。而赞美者在鼓励别人的同时，也会改善自己与周围的关系，丰富自己的生存智慧，使得自己更有涵养。"

家长寄语

奇奇，当你得到父母、老师、朋友的一句赞美或表扬时，心底一定非常舒适、欣慰，浑身似乎积聚了许多力量吧！

有人说："良言一句三冬暖，恶语伤人六月寒。"我们要学会适时地给他人一句赞美，因为赞美的力量是无穷的。

台湾作家林清玄青年时代做记者时，曾写过一个小偷作案手法非常细腻，犯案上千起，却第一次被捉到的特稿。他在文章的最后，情不自禁地感叹："像心思如此缜密，手法那么灵巧，风格这样独特的小偷，做任何一行都会有成就的！"林清玄不曾想到，他20年前无心写下的这几句话，竟影响了这个青年的一生。如今，当年的小偷已经是台湾几家羊肉炉的大老板了！在一次邂逅中，这位老板诚挚地对林清玄说："林先生写的那篇特稿，打破了我生活的盲点，使我想，为什么除了做小偷，我没有想过做正当事？"从此，他脱胎换骨，重新做人。回头想想，如果没有林清玄当年对小偷的一句赞美，恐怕也不会有青年今天的事业与成就。

赞美就像浇在玫瑰上的水。赞美别人并不费力，只要几秒钟，便能满足别人内心的强烈需求。看看我们所遇到的每个人，寻觅他们值得赞美的地方，然后加以赞美，并把赞美他人变成一种习惯吧！

每个人都喜欢听赞美的话，被赞美时，心情会自然地轻松起来。如果说得好，会有利于双方的下一步交流；如果说得不好，则会适得其反。

恰到好处的赞美与违心的拍马屁，往往只有一步之遥，要让赞美话在别人听来不是令人反感的拍马屁。

在赞美他人时，要注意以下几点：

1. 真诚而得体

对别人的赞美需要真诚，而真诚离不开真实，要恰如其分地赞美对方，必须符合事实。如果要在一些细微的地方赞美的话，更需要对对方的工作、生活经历做一个大致的了解，以便准确地提出别人没想到你会提及的细小之处，这样往往能收到"润物细无声"的效果。

1971年7月29日，基辛格率代表团秘密访华，进行打破中美中断20年外交僵局的谈判。来华前，尼克松总统曾不止一次为他们设想这次会谈的情形，以为中方会大拍桌子叫喊打倒美帝国主义，勒令他们退出台湾，滚出东南亚。为此，基辛格一行非常紧张。但事实出乎他们的意料。周恩来总理在钓鱼台国宾馆亲切会见了他们。周总理微笑着握着基辛格的手，友好地说："这是中美两国高级官员二十几年来第一次握手。"

当基辛格把随行人员一一介绍给周总理时，周总理的话更出乎他们的意料，他握着霍尔德里奇的手说："我知道，你会讲北京话，还会讲广东话。广东话我都讲不好。你是在香港学的吧！"又对斯迈泽说："我读过你在《外交季刊》上发表的关于日本的论文，写得非常好，希望你也写一篇关于中国的。"最后他握着洛德的手，说："小伙子，好年轻，我们该是半个亲戚，我知道你的妻子是中国人，在写小说。我愿意读她的书，欢迎她到中国来访问。"

一席赞美的话下来，基辛格一行的紧张心理已经被赶到九霄云外了，剩下的只有对中国领导人的刮目相看和油然而生的敬意。

周总理简短的欢迎词里蕴涵了高超的赞美技巧。他认识到基辛格一行的紧张，在严肃的外交场合，他有意淡化其政治角色，而是抓住细微之处，像在跟对方拉家常似的，分别对其语言才能、论文水平、家庭成员进行了巧妙的赞美，既亲切又得体。

2. 赞美用词要得当

赞美的形成，在于一般双方都是面对面的，所以，内容上要具体，对象上要分明，有时尽管不直接涉及你所要赞美的客体，但对方早已心照不宣地知道你所指的是什么了。

3. 赞美不可过分夸张

赞美需要修饰，但是过分、太夸张的赞美就会变成阿谀奉承，让人感觉不到真诚，只留下虚浮和矫揉造作。

4. 少说陈词滥调

一些人的赞美言辞中，充满了陈词滥调。如久仰大名、百闻不如一见、生意兴隆、财源广进等。一些人在社交场合赞美别人时，只会鹦鹉学舌，说别人说过的话。

5. 在背后赞美

有时你当面称赞一个人时，他极可能认为那是应酬话、恭维话。而在背后说人好话，他会认为那是认真的赞美，毫不虚伪，于是真诚接受，并对你感激不尽。

6. 不可冲撞别人的忌讳

几乎每个人都有自己的忌讳，每个国家和民族都有自己的忌讳。忌讳仿佛是永不结疤的伤痕，每个人都不允许别人侵犯它。赞美别人千万不可触及对方的忌讳，否则，极易造成交际的失败，引起他人的反感。

经常真诚地称赞他人的人,也一定能经常得到他人的称赞。如果你想成为一个受欢迎的人,那就不要吝啬自己的称赞,带上自己的真心,收获对方的真诚。

适当改变一下自己

文文还记得自己在上小学的时候,从来不喜欢和别人主动说话,就连见到阿姨都不打招呼。就因为这个原因,妈妈没少批评过她:"文文这个毛病可不好,不要说和别人打声招呼,如果能对别人笑一下就不错了。这以后长大怎么得了?"

后来一次偶然的机会,文文听说有一个人做过一项试验:把一只狗放到四面都是镜子的地方。这只狗看到周围都是凶恶的狗,于是不停地冲着这些狗狂吠,而镜子里的狗也冲着这只狗狂吠。这只狗就一直狂吠不止,直到最后累死了。

但是这只狗并不清楚事实真相:他所狂吠的对象恰恰是它自己。

这个故事就是告诉人们:自己的态度可以决定外界的环境。

看过了这个故事之后,文文明白了之前为什么别人不喜欢找自己来玩,因为一切都是作用力与反作用力的关系。如果自己不喜欢主动和别人打招呼,怎么可以奢求别人友善地对待自己呢?

从此以后，文文就开始试着慢慢改变自己，多与人沟通，才发现原来生活比之前美好得多。

家长寄语

有一条鱼在很小的时候被捕上了岸，渔人看它太小，而且很美丽，便把它当成礼物送给了女儿。

小女孩把它放在一个鱼缸里养了起来。每天，这条鱼游来游去总会碰到鱼缸的内壁，心里便有一种不愉快的感觉。

后来鱼越长越大，在鱼缸里转身都困难了，女孩便为它换了更大的鱼缸，它又可以游来游去了。可是每次碰到鱼缸的内壁，它畅快的心情便会暗淡下来。它有些讨厌这种原地转圈的生活了，索性静静地悬浮在水中，不游也不动，甚至连食物也不怎么吃了。

女孩看它很可怜，便把它放回了大海。

它在海中不停地游着，心中却一直快乐不起来。

一天它遇见了另一条鱼，那条鱼问它："你看起来好像闷闷不乐啊！"

它叹了口气说："啊,这个鱼缸太大了,我怎么也游不到它的边！"

我们是不是就像那条鱼呢？在鱼缸中待久了，心也变得像鱼缸一样小了，不敢有所突破，有一天到了一个更为广阔的空间，已变得狭小的心反倒无所适从了。

其实，心有多大，世界就有多大。如果不能打碎心中的四壁，你的翅膀就舒展不开，即使给你一片大海，你也找不到自由的感觉。

打开自己，需要开放自己的胸怀。

开放，是一种心态、一种个性、一种气度、一种修养；是能正确地对待自己、他人、社会和周围的一切；是对自己的专业和周围的世界都怀有强烈的兴趣，喜欢钻研和探索；是热爱创新，不墨守成规，不故步自封、不固执僵化；是乐于和别人分享快乐，并能抚慰别人的痛苦与哀伤；是谦虚，勇于承认自己的不足，并能乐观地接受他人的意见，而且非常喜欢和别人交流；是乐于承担责任和接受挑战；是具有极强的适应性，乐意接受新的思想和新的经验，能够迅速适应新的环境；是坚强，敢于面对任何的否定和挫折，不畏惧失败。

不打开自己，一个人就不可能学会新东西，更不可能进步和成长。开放的胸怀，是学习的前提，是沟通的基础，是提升自我的起点。在一个组织里，最成功的人就是拥有开放胸怀的人，他们进步最快，人缘最好，也最容易获得成功的机会。

具有开阔胸怀的人，会主动听取别人的意见，改进自己的工作。比尔·盖茨经常对微软的员工说："客户的批评比赚钱更重要。从客户的批评中，我们可以更好地汲取失败的教训，将它转化为成功的动力。"比尔·盖茨本人就是一个心态非常开放的人，他鼓励公司里每个人畅所欲言，当别人和他有不同意见时，他会很虚心地去听。每次公开讲演之后，他都会问同事哪里讲得好，哪里讲得不好，下次应该怎样改进。这就是世界巨富的作风，也是他之所以能成为巨富的潜质。

开放的心自由自在，可以飞得又高又远；而封闭的心像一池死水，永远没有机会进步。如果你的心过于封闭，不能接纳别人的建议，就等于锁上一扇门，禁锢了你的心灵。要知道褊狭就像一把利刃，会切断许多机会及沟通的渠道。

花草因为有土壤和养分，才会茁壮成长、美丽绽放，人的心灵也必须不断接受新思想的洗礼和浇灌，否则智慧就会因为缺乏营养而枯萎死亡。

拥有开放的心，你才能充分利用成功的第一原则：一个人只要对自己的信念坚定不移，就没有做不到的事情。打开你的心，让想象力自由翱翔，让你成功的希望越飞越高。

与人交往，可圆可方

慧慧在小区里看到几个小朋友在墙上乱涂乱画，跑过去对他们说："你们不可以在这上面乱画，快别画了，快别画了。"

可是奇怪的是，这些小孩子好像并不把慧慧的话放在心上，无所谓地依旧在那里乱涂乱画，而且涂得越来越乱了，还有小朋友在那里朝慧慧做鬼脸。

"你们这些坏小孩，太不讲道德了。一会保洁员过来肯定会说你们的。"慧慧很生气。

这时妈妈走了过来："慧慧，发生了什么事情。"

"这些小朋友在乱涂乱画，我要他们马上停下来，他们却都不理我，我很生气。"慧慧向妈妈"告状"。

"是吗？让妈妈过去试试。"妈妈说着就走了过去。

"小朋友，你们在做什么？"妈妈走过去热情地和他们打招呼。

"我们在画画。"

"哦,画得真好。"当妈妈表扬他们的时候,这些小孩显得很高兴。

"不过,这么漂亮的画,你们却把它放错了地方。墙上的画都是不会保存很长时间的,只要过一段时间,就会有叔叔过来把墙粉刷一遍,那你们不就白画了吗?而且,这面墙原本是白色的,你们却把它涂得这样脏,那要辛苦保洁员阿姨来清理,对不对?"妈妈耐心地开导他们。

好像妈妈的说教很有效,那些小朋友站在那里,听妈妈说话。

"所以,你们应该把漂亮的画都画在纸上,带回家给爸爸妈妈看看,对吗?"妈妈这样问他们。

其中有几个小朋友点点头。

"嗯,那回家拿纸,在纸上画吧。这面墙,让我们共同爱护它好吗?"

慧慧真服了老妈了,她这样一说,那帮小孩都特别服帖。

"妈妈,您这是什么手段,真高啊!刚才把我气的,他们怎么就不听我说呢?"

"他们都是小孩子,你说话有那么多的棱角,他们怎么会接受呢?"妈妈一语点破了慧慧的疑问,"我在说服他们之前,要先夸奖他们,肯定他们,后面的话他们才会接受啊。说话也是需要圆融的。"

看来,慧慧还需要再修炼一段时间了。

家长寄语

每个人都有自己的想法,但并不是每个人都会将自己的想法暴露,在与人交往时,面对不同的人,你会有不同的态度,有的人你愿意亲近,你觉得他值得做朋友,而有的人则相反,所有的这些,你如何迅速地判断和识别呢?

其实,要想了解他人并不难,你不是想猜测出别人的内心活动、选择可以交往的朋友吗?那就需要从对方的一言一行中去捕捉一点一滴的信息,以此来判断对方的想法。这其实也是人际交往时必须具备的能力,这样不但能使沟通交流变得畅通,而且还会为你提供切实的帮助。

要想了解他人,首先要学会察言观色。一个人的想法往往会通过他的态度及动作流露出来,只要我们仔细地观察他人,即学会察言观色,便可以了解他人的想法。

春秋时期的齐国宰相管仲深明察言观色之道,等到适当的时机再从旁进谏。但是有一次,他稍不小心,还是触到齐桓公的"逆鳞"。

当管仲审核国家预算支出的情况,发现宴客费用居然高达三分之二,其他部门的经费只有三分之一,难怪会捉襟见肘、效率不高。他认为这太浪费,此风断不可长。于是,管仲立刻去找桓公,当着众臣的面说:"大王,必须要裁减宴客费用,不能如此奢侈……"

话未说完,没想到桓公面色大变,语气激动地反驳说:"你为什么也要这样说呢?想想看,隆重款待那些宾客目的是使他们有宾至如归的感觉,他们回国后才会大力地替我国宣传;如果怠慢那些宾客,他们一定会不高兴,回国后就会大肆说我国的坏话。粮食能够生产出来,物品也能制造出来,又何必要节省呢?要知道,君主最重视的是声誉啊!"

"是！是！主公圣明。"管仲不再强争，即刻退下。

管仲的机智与聪明就在于他善于察言观色。如果换作是其他忠义顽强好辩的人士，继续抗争下去，可以想象会有什么后果。

从桓公的脸色和语气中管仲察觉到此时桓公心情不佳，不会接受劝谏，自己应做到该进则进、该退则退、当止则止，于是他不再继续损害君主的尊严，而是在后来的工作中慢慢影响桓公，使问题逐步加以改善。

事实上，我们在与人交往也应这样，要注意顺着对方的心意，不可逆犯对方的忌讳。否则非但达不到目的，反而会使自己处于非常尴尬的局面。所谓"出门观天色，进门看脸色"，尤其是在求人办事时，只有善于从对方面部表情做出准确判断，再付诸行动，才会有成功的可能。

其次，可以通过语音洞察人心。

说话速度是一种特征，是一个人与生俱来的气质及平日与人交往中锻炼所形成的。但是异常的说话速度常常与内心的思想有很密切的联系。比如，平时能言善辩的人，突然变得口吃起来，或者相反，平时说话不得要领的人，突然说得头头是道，这就要注意是否发生了什么事情，影响他们，以致使他们的心里发生了重大变化。

这是因为一般情况下，人在有烦恼不安或恐惧等感情时，说话速度都会快得异乎寻常，以此自欺欺人，缓和内心的不安与恐惧，但是，由于没有冷静地思考，所以，即使说得滔滔不绝，内容却空洞无物。

同样，如果是一个平时总是沉默寡言的人，突然间话多得令人感到不自然，此人一定有了不愿他人知道的秘密。

与说话速度一样,声调也是语气的特征之一——人的思想处于激动状态时,声调往往会提高。某位作曲家也曾说:"要提出与对方相反的意见时,最简单的办法就是提高音量。"

如果你做一个生活的有心人,仔细留心他人的语速和声调,就可以轻而易举地探知他人内心的想法。心中的巨人一旦唤醒,就可以产生神奇的力量。

热忱提升人气

回家之后,冬冬没有了往日的吵闹,而是把书包往沙发上一撂,呆呆地坐在那里。

妈妈似乎看到了冬冬有些不对劲,从厨房里走了出来。

"冬冬,你是不是饿了呢?"妈妈关切地问。

"没有,不饿。"冬冬回答妈妈。

"那为什么显得这样无精打采呢?是不是遇到什么困难了?"妈妈坐在冬冬旁边,耐心地等她回答。

"唉!"看来,冬冬也只好和妈妈诉苦了,"老师委托我在全班收集20篇优秀作文汇编成一本作文选集。然后课间的时候我就让同学每个人都推荐1~2篇自己认为写得好的作文。可是,他们都推脱说自己写得不好,都不把作文交给我,到了今天放学,我没有收集到一篇作文。"

"嗯,是因为同学的不配合,所以你的工作陷入了僵局,对吗？"妈妈了解是怎么回事了。

"是啊。"冬冬心中很是感激，最了解自己的人莫过于老妈，接下来冬冬想请妈妈帮忙出主意，"妈妈，我该怎么办呢？"

没想到，妈妈却笑着对她说："冬冬，有时候我们在做事情的时候要讲究方法和策略。当我们说服不了别人的时候，可以用自己的行动来激发他人心中的热忱，以此来调动他人来跟我们合作，从而获得成功。我们要善于激发起他人内心深处炽热的精神特质，让他们积极活跃起来，发挥自己的能力，为圆满做一件事情而做好充分的准备。"

冬冬想了想妈妈说的话："我知道了，其实每个人心中都有一种热忱，我应该想办法把他人的热忱激发出来，对吗？"

妈妈说："你想想，怎样才能达到目的呢？"妈妈看冬冬已经有点开窍了，就回到厨房继续做饭。

晚上开饭的时候，冬冬对妈妈说："我可以强制性地要求每个同学一人交一篇，他们就不会推脱了，然后，我再把选出来的好文章贴在班级中，让同学来评定，选出最优秀的20篇文章。您觉得这个方法好不好？"

妈妈听了这个想法，点头表示同意，她鼓励冬冬道："我相信，你的努力一定会带动起全班同学的热忱，相信你们一定能够编出一本优秀的作文集。到那时候你们的积极行动就会得到报偿，你们就会被成功的喜悦和幸福所包围。"

家长寄语

冬冬,妈妈想先给你讲一个故事:

哈佛毕业生汤米·德赖佛最近在加州一家公司找到了一份业务员的工作。按照公司历来的做法,公司会交给德赖佛一份很难缠的潜力客户名单。其中有一家公司以前是考尔佛公司的大客户,但是在多年前断绝往来了。

德赖佛说:"我决定把跟他们做成生意当作是我个人的一项挑战。这表示我得先说服老板我可以把这家公司扳回来。他本来不太肯定,但是他不想泼我的冷水。于是他允许我去拜访那家客户。"

德赖佛把赢回这家客户当作自己的使命,于是,他提供了保证价,缩短交货期,并允诺更好的服务。他向那位采购处长表示公司"将会做一切令你们满意的事"。

当德赖佛第一次与采购处长面对面地谈话时,他的热忱就扮演了重要的角色。他面带微笑地走进会客室,并说道:"很高兴能再回来,让我们一起来共同合作。"

德赖佛从来没有想过他可能无法成交,他完全忽略他的公司已经丢掉了这个客户的事实。他以最高昂、热忱的态度说服他的客户,公司已准备好再为他们服务。

"后来,采购处长告诉我们老板,他们考虑我们的唯一理由是因为我的热忱。他们的订单后来一年有50万美元。"德赖佛说。

"热情比怨恨更得人心"这句在哈佛校园流行已久的格言几乎被每一个哈佛学子牢记。热忱可以看成是人的一种性格,但同时也不要忽略了,热忱也是人的才能中很重要的一个因素。也许有时候两个人在技术和能力方面不相上下,但是在做同一件事情时,热忱的那个人一定会比略微冷淡的人容易成功。为什么呢？因为拥有热忱，你身边的人便会感受到你的热情与真诚，他们也就容易与你形成情感和理智上的认同，这在无形中提升了你的人气。

聪明的人是懂得抓住契机、谋求优势效应来提高自己人气的。

有一次，情歌王子张信哲到合肥进行演出。偏巧那天下起了淅淅沥沥的雨。场内等待张信哲到来的观众的热情并没有丝毫减弱。这时，张信哲站在敞篷车上慢慢驶入演出场地，并热情地与歌迷打着招呼，一点都没有明星大腕的架子。音乐响起，他很投入地深情演唱着，并不时地与台下的歌迷互动，丝毫不顾初冬凉凉的雨水。本来名气就很响的他用尽职和真诚赢得了台下无数人的感动，他的人气也自然一路飙升。

这就是抓住了契机，营造出了一种优势效应，而这种优势效应又很好地提升了张信哲的人气。

并不是每个人都能像张信哲那样登上闪亮的舞台，但是你依然可以利用身边可能的契机来提升自己的人气。如在班级的联欢晚会上，你可以大方地唱首歌，或跳支舞，这样能够让台下的人感觉到你的热情和活泼。你也可以在一些比较关键的场合从容镇定地表现自己，这样也能给他人留下与众不同的好印象。提升自己的人气，机会很多，只要你用心，就一定能够达到目标。

所以，要想获得成功的奖赏，你就必须拥有将梦想转化为现实的热忱和冲劲。只有这样，你才能使自己得到巨大的发展，进而把事情做好。

第七章

给未来半边天的你

寻找生命中的阳光

一天早晨,天气凉爽,阳光也很好。槐槐和好伙伴们一起骑车到郊外的山上去玩。

一路上大家都是有说有笑,偶尔凉风吹了过来,惬意极了。大家都在憧憬山上一片杏花的景色,不知现在山上的杏花开得怎样了。

就在路口转弯的地方,槐槐看到了惊险的一幕:有一辆大卡车和一辆小汽车相撞,人已经被撞出有5米远。

这样的景象被槐槐的一个同伴渺渺看到之后,她当场就晕倒了。

"不好,渺渺晕倒了,我们赶快拨打120。"槐槐赶快招呼周围的几个人,"要赶快告诉叔叔阿姨。"说着就往渺渺家里打电话。

槐槐断定渺渺一定是被这场车祸吓住了,送到医院之后,经过医生的救助总算从昏迷中醒了过来,但是面部表情看上去异常狰狞,而且一时感到很难接受自己。

看到渺渺的状况已经稳定了,槐槐她们几个人很想进去看看她,可是她不想见大家。

无奈之下,槐槐只好给渺渺递去一张小小的卡片,上面写着:渺渺,我们在外面都很惦念你,听医生说你很快就会康复了。心情一定要好一些,这样才能早日恢复。

槐槐记得妈妈曾经告诉过她:人的一生当中会遇到很多的苦难,不管是幸福还是不幸,别人都没有办法代替你。因此无论怎样,我们都要学会与自己好好相处,掬一捧阳光给自己,多想想生活中的美好,那么痛苦就会减少很多。

槐槐希望渺渺能多回忆一些生活中美好的片段,这样她就能很快好起来了,也许那个时候她肯定会比现在更漂亮吧。

家长寄语

槐槐,很多人一生都在寻找快乐,而学习的压力、父母的期望以及对未来的不确定让我们觉得生活中仿佛会有吃不完的苦。

快乐是什么?快乐是血、泪、汗浸泡的人生土壤里怒放的生命之花。正如惠特曼所说:"只有受过寒冻的人才感觉得到阳光的温暖,唯有在人生战场上受过挫败、痛苦的人才知道生命的珍贵,才可以感受到生活之中的真正快乐。"

托尔斯泰在他的散文名篇《我的忏悔》中讲了这样一个故事:

一个男人被一只老虎追赶而掉下悬崖,庆幸的是在跌落过程中他抓住了一棵生长在悬崖边的小灌木。此时他发现:头顶上那只老虎正虎视眈眈,低头一看,悬崖底下还有一只老虎,更糟的是,两只老鼠正忙着啃咬悬着他生命的小灌木的根须。绝望中,他突然发现附近生长着一簇野草莓,伸手可及。于是,这人拽下草莓,塞进嘴里,自语道:"多甜啊!"

无论在困境中还是顺境中,激情都是鞭策和鼓励我们奋进向上的不竭的动力。只有对生命充满激情,才能使自己对现实中所有的困难和阻碍毫无畏惧。激情,是一种能把全身的每一个细胞都调动起来的力量。

在所有伟大成就的取得过程中,激情是最具有活力的因素。每一项改变人类生活的发明、每一幅精美的书画、每一尊震撼人心的雕塑以及每一部让世人惊叹的小说,无不是激情之人创造出来的奇迹。最好的劳动成果总是由头脑聪明并具有工作激情的人完成的。

个性是魅力的源泉

这个周末的曼曼做了很多事情:很早写完了暑假作业,和小伙伴们发明了橡皮筋的新玩法,还用一个下午的时间背起画架子,到小花园写生。

不过,曼曼最喜欢的事情,还是和妈妈说话。妈妈有点爱唠叨,不过这唠叨让曼曼又爱又恨,甚至有的时候觉得妈妈的唠叨还是蛮宝贵的。

曼曼的妈妈特别会讲故事,这是其他同学的妈妈所不及之处。说到这里,曼曼想起来同学朗朗的典故。朗朗小的时候对妈妈说:"我要听故事。"于是她妈妈就很为难:"从前有一只青蛙……"朗朗不耐烦了,怎么又是这一段,于是说:"我要听历史故事。"

她的妈妈只得改口讲:"在宋朝的时候,有一只青蛙……"记得那次朗朗说到这里,曼曼在一旁都要笑翻了。

晚上吃过晚饭,曼曼在妈妈身旁不走了,她真的又给曼曼讲了一段故事:

从前,有两位很虔诚、很要好的教徒,决定一起到遥远的圣山朝圣。两人背上行囊,风尘仆仆地上路了,誓言不到达圣山,绝不返家。

两位教徒走了两个多星期后,遇见了一位白发年长的圣者,圣者看到这两位如此虔诚的教徒千里迢迢要前往圣山朝圣,十分感动地告诉他们:"从这里距离圣山还有十天的脚程,但是很遗憾,我在这十字路口就要和你们分手了。而在分手前,我要送给你们一个礼物!什么礼物呢?就是你们当中一个人先许愿,他的愿望一定会马上实现;而第二个人,就可以得到那愿望的两倍!"

此时,其中一个教徒心里一想:"这太棒了,我已经知道我想要许什么愿,但我不要先讲,因为如果我先许愿,我就吃亏了,他就可以有双倍的礼物!不行!"而另外一个教徒也自忖:"我怎么可以先讲,让我的朋友获得加倍的礼物呢?"

于是,两位教徒就开始客气起来。"你先讲嘛!""你比较年长,你先许愿吧!""不,应该你先许愿!"两位教徒彼此推来推去,"客套地"推辞了一番后,渐渐两人就不耐烦了,气氛也变了。"你先讲啊!""为什么我先讲?我才不要呢!"

两人推到最后,其中一人生气了,大声说道:"喂,你真是个不识相、不知好歹的人,你再不许愿的话,我就把你的狗腿打断,把你掐死!"

另外一个人一听,没有想到他的朋友居然变脸,竟然恐吓自己!于是想:"你这么无情无义,我也不必对你太有情有义!我没办法得到的东西,你也休想得到!"于是,这一教徒干脆把心一横,狠心地说道:"好,我先许愿!我希望我的一只眼睛瞎掉!"

很快,这位教徒的一只眼睛瞎掉了,而与他同行的好朋友,两只眼睛都瞎掉了!

听了这个故事,曼曼不禁一声叹息。这两个所谓"虔诚"的教徒,居然在利益的面前失掉了自己修行多年的那份善。他们变得狭隘、自私、贪婪,对彼此充满了厌恶与仇恨。许愿原本是一件很好的事情,原本可以拥有双赢,这下变成了"双输"。

"曼曼,如果你遇到这样的人,你会高看她一眼吗?"妈妈问她道。

"不会,我会很瞧不起她。"曼曼很坚定地回答。

"为什么呢?"

"因为连一点人格魅力都没有,完全为自己的利益着想,这样的人有什么可爱的呢?"曼曼头头是道地帮妈妈分析。

"嗯,曼曼说的对。"妈妈肯定曼曼的回答,"将来你如果走在了人生的路上,也会遇到类似的情况,你会把握自己的人格吗?"

"嗯!"曼曼使劲地点头。

"一个有风骨的人,一定是有人格魅力的人,走到哪里都会备受欢迎的。曼曼,你也一样,只要是对的,应该去做的,就要毫不犹豫。走你自己认为正确的路就好。"

家长寄语

人格魅力是指一个人具有较为完美或独特的人格并由此而对他人产生感召力、亲和力、吸引力。而人格,则由思想、修养、道德、意志、气质、情感及性格等诸多元素综合而成。一个人如果拥有极强的个人魅力,就算没有官衔,人们仍然会尊敬他、崇拜他。

女生并非比男生笨

听说玩魔方玩得好的人往往是很聪明的人。

不知道这个谣言是从哪里传来,最近班上还真的刮起了一阵玩魔方的风气。

只要一到课间,就看见男生们几乎人手一个五颜六色的魔方。他们常常三两个聚在一起,好像吵架一样争个不休:"你这玩法不对,是这样的!"

"看我的!看我的!这一步我玩得比你快!"

"我才不信呢!"

"要不咱俩比比!"

……

刚开始的时候,女孩子凑过去看,他们根本不让。

小军甚至用讥讽的语气说:"这是男孩子们玩的游戏!你们女孩子有那么聪明吗?能玩得了这个吗?"

"你凭什么这么说!别以为你们男生会玩个破魔方就有多了不起了!居里夫人还拿过两次诺贝尔奖呢!有几个男的能获得这样的荣誉?"宁宁很好强,她的优越感容不得别人轻易否定女生。

"有几个科学家是女的?居里夫人全世界不也就是那么一个?再说了,你是居里夫人吗?有本事你把我手上的魔方拼回去了,我就服你!"小军也不甘示弱。他平时被宠惯了,家里拿他当小皇帝一样地对待。真可以用"含在嘴里怕化了,捧在嘴里怕摔了"来形容他们家对他的溺爱程度。

宁宁一听小军拿这样的话来激她,急得抢过来小军手里的魔方就拼。可是不管她怎么拼,也没能拼出六面都分别是同一个颜色图案出来。

眼看着课间十分钟就过去了。宁宁急得不行,可是又无可奈何。

小军得意地拿过魔方,临了还不忘补一句:"我就说你们女生没男生聪明吧。还不信!"

教室里弥漫着一股浓厚的硝烟的气味。

只见宁宁气得眼泪都快出来了。

"宁宁,是英语课吧?"同桌故意岔开话题,好分散地的注意力。话音刚落,英语老师夹着书面带微笑地进了教室。

"Good morning! Everyone!"张老师对刚刚发生的教室里一触即发的没有硝烟的战争毫无察觉,她正笑眯眯地看着大家,开始分发试卷呢!

"老师要特别表扬王小军同学,这次英语测验,小军同学拿了十分优秀的成绩。"

自从国家提倡素质教育后,老师们都变得委婉了,从不在课堂直接说最高分是谁谁谁,或者某某同学得了多少多少分,而换成上面这种说法。不过时间久了,大家也心知肚明,这意味着王小军又拿了最高分!

得意的王小军忍不住回头挑衅地看了一眼满是怒火的宁宁,眼神好像在说:"看吧,我说得没错吧?女生怎么能聪明过男生呢!"

接下来有更气的。只听张老师在讲台上说:"这一次测试,男生总体平均分高过女生。女孩子们要加油啊!"

这下气得宁宁直接趴在桌子上哭起来:"难道女生真的不如男生聪明吗?"就这样,宁宁迷迷糊糊地听完老师对试卷的分析。放学后,她垂头丧气地回家了。心里却一直在问:"女生真的不如男生聪明吗?"

家长寄语

宁宁,你千万不可以这么想。女生在智力上和男生是没有本质上的区别的。很多事情证明，女生和男生一样，可以十分优秀。

首先，妈妈要告诉你：王小军同学错了。

他以自己某一方面的优秀就否定其他同学，甚至还加上性别区别来把大家分类对待，这是很不友好的做法，而且，单单说到这一点，他就不能算得上是个聪明的男生。

真正聪明的人是谦虚好学的人，而不是骄傲的，总是一副居高临下、不可一世样子的人。你不是喜欢看武侠片吗？那些争强好斗，总是找人挑战，想夺得天下第一称誉的人，往往不是真正的天下第一。真正的高手常常是既有高超的武艺，更有超然的武德，像你最喜欢的《笑傲江湖》里的风清扬老前辈。

人的聪明与否，不是性别决定的。大家表现得不一样，大多是因为各自的兴趣不一样，从事的工作领域不一样，所以取得的成就也肯定不一样。这和是男生还是女生是没有什么关系的。

最后，魔方游戏虽然是一个益智游戏，但和其他的游戏没什么本质的不同。只要是游戏，学会了规则，就可以玩，之前没学过，当然就不会玩，并不能由此证明男生比女生聪明。如果你想学怎么把魔方拼成六面都各自是同一个颜色，这很容易啊，妈妈可以告诉你，因为妈妈很小的时候就会玩这种游戏了。当然，前提是你有兴趣学。

善良，让好女孩先从内心"美"起来

小玉的化妆研究终于到了一个境界，这一天薇薇看到了她的精彩亮相。

"不会是美白加烟熏妆吧。"薇薇匪夷所思地看着小玉的那张脸,"你脸上涂的什么呀,涂得太白了就不是人类的颜色了,不好看。还有你的那个眼睛画得太粗太黑了,一点也看不出眼睛大来。"

薇薇的直言不讳让小玉十分不爽:"你懂什么,这叫美,这叫艺术,你知道吗?一点都不懂还乱发表意见,我不理你了。"

看来薇薇真的是把小玉惹毛了。小玉执意要和薇薇一起去逛街——就顶着这张脸出去,薇薇也不好说些什么,只得遵命。

在繁华的商业街上,薇薇和小玉看到了远处有一所大学的学生在组织一个公益展卖活动,两个人好奇地走过去观望。

这个学校里有一个家庭环境并不富裕的同学不幸患了白血病,无疑是为这个家庭雪上加霜。班上的同学很同情她,于是在这里为她举行展卖活动。

薇薇对他们的商品很好奇,呵呵,都是学校里的学生们自己捐出来的吧,有各种各样的图书,有八成新的衣服,有成套的学习用品,有漂亮的工艺品,还有各种有趣的日常生活用品和一些小物件,甚至还有学生自己的笔记。

活动的规则是这样的,如果有想参加活动的行人可以拿走自己想得到的物品,然后随意捐钱,没有固定的数额。这样做呢,一是可以让路人不白捐钱,还可以把聚集爱心的物品带回家,二来就是可以吸引更多人来为这位同学筹钱。

小玉看到这个活动之后,兴味盎然地要去参加,还一个劲地鼓动薇薇："大家一起去吧，太有意义了。"她说着就跑了过去，挑出一个自己喜欢的小相框，居然给了他们50元。

薇薇在一旁看呆了：平时还真是小瞧了小玉，看她还是挺仗义的孩子，殊不知，她的心比她的脸要好看一百倍。

"呵呵，昨天我买到了打折的化妆品，便宜了好多钱，所以就多捐一点。所以我不吃亏啊。"小玉还觉得自己占了一个大便宜，很满足的样子。

看到小玉是这样，薇薇也过去捐钱了。其实，这样的活动就是很有意义的啊。

家长寄语

有人说："爱和帮助不仅让别人快乐，也是让自己快乐起来的绝妙方法。"但在生活中，我们总是会听到冷冰冰的声音，声音里的冷漠让人感到彻骨的寒冷。其实这些人在封闭了自己对别人的爱的同时，也封闭了别人对自己的爱，拒绝了快乐的体验。

所以说，善良的女孩永远心中有爱，怎么会得不到众人的喜爱和赞美呢？打开心门，传递内心的爱，相信它一定像股股暖流，不仅带给别人温暖，还有快乐、尊重和满足。

一个有爱心的人一定是满足而快乐的，因为关爱别人所得到的快乐必定将他的心填得满满的，充满爱心的人一定更平和，他更热爱生活。

智慧,是传说中不老的美貌

吃过晚饭,南南和妈妈聊起了今天家长会上的情况。

南南问妈妈道:"今天来的那么多的家长,哪位家长给您的印象最深刻呢?"

妈妈想了一会儿说:"坐在第三排靠左边墙的那位。"

南南想了一下:"哦,您说的是方小晴的妈妈呀?她是一位单亲妈妈,家里的情况可惨了。小晴的爸爸前年出车祸去世了,留下他们母女过日子,生活得很拮据。小晴还是我们班的贫困生呢?"

妈妈很惊讶地说:"是吗?这个我不知道。但是小晴的妈妈给人感觉很积极,特别是在家长会上的发言让我很佩服。她家的生活是那样的拮据,还让小晴上舞蹈学校,真的很难得啊!妈妈还得向她学习啊!"

看到妈妈可爱的样子南南笑了:"您是最好的妈妈,不需要跟她学习。"

妈妈说道:"你忘记了吗?上次记者采访马云时的那句话你还记得吗?"

"记得啊,当然记得了。时刻要向站在你身边的人学习。"南南明白了妈妈的意思。

"对啊,我们要学习小晴妈妈的这种精神气啊?咱们在物质上比他们富有,但是缺乏他们的那种精神气啊!也许艰难的生活使她无法给自己买漂亮的衣服,使她无法好好打扮自己,可是看上去依然很美,让人心生欢喜。"

南南说:"嗯,我也很喜欢小晴,她的衣服普普通通,吃的用的都很俭省,可是每天仍旧是高高兴兴的,我们都特别喜欢她。"

"是啊,南南,所以我们要珍惜现在的生活啊!虽然她们生活在一种物质贫穷的状态中,但是能给你一种积极向上的精神气质,是很难得的。一般来讲,贫困和潦倒往往是会在一起的,但是当在贫穷中的人被一种积极的精神左右着,那么即使再贫困,也不会是一个潦倒的人。"

"呵呵,怪不得你们在离开学校的时候,那么多的家长在谈论小晴的母亲呢?原来大家都很喜欢她,都被她的这种精神所吸引了呀!"

家长寄语

女孩选择美貌还是智慧?这个问题很多人都在问,却没有满意的答案。"外表美不重要,只要内在美"。

这句话是经久不衰的真理,因为一个女孩如果她的内心真的很善良,很完美,那么她会随着心态的平和和宁静而日益变得美丽的。当今社会,美女的含义也不仅仅局限于外貌。

美丽观点一:美貌女生更容易赢得爱情。当美女多好啊,老是有护花使者围着转,被人宠爱、被人呵护,不管什么时候都是人们聚焦的中心,即使不会煮饭也照样有帅哥鞍前马后地效劳。

美丽观点二：美女可以通过后天努力培养智慧。美女就算智慧不高也没有问题啊，正常就好了，美女在这个社会上毕竟有太多的优势。智慧是后天的，可以慢慢培养。相反的，一个有智慧的丑女却很难成为让人赏心悦目的美女。

美丽观点三：美丽是人生的敲门砖。女孩子有了美貌，就如船儿张开了帆，很多事情上都会一帆风顺，万事皆通。

智慧观点一：在爱情上，智慧女子更有主动权。美貌女子虽然更容易受到异性追求，但通常很多人追你也许不是真的爱你。美女对男人期望也过高，反而不容易找到幸福。智慧女子则不然，她们懂得如何扬长避短，懂得如何辅佐男人，通常会成为备受丈夫称赞的贤内助。

智慧观点二：智慧女子在工作上能力更强。美女虽然在求职中更有优势，但一旦进入工作状态，美女不及相貌平平的女子那样专注工作。相比之下，美女更容易受到外界的干扰，比如帅哥送花、讲究穿着打扮什么的，因此业绩上通常不如相貌平平的女子出色。

智慧观点三：智慧是花钱买不到的。因为一个人的美貌是可以改变的，现在科技那么发达，只要花钱随便一整容就可以了。而智慧是你花钱买不到的，是人的一种内在美，表现着这个人的内在品质。

智慧观点四：智慧是一生的财富。美女再美，也总有人老珠黄、鲜花凋谢的时候。而有智慧的才女则不然，相由心生，腹有诗书气自华。人不是因为美丽而可爱，而是因为可爱而美丽，智慧是可以伴随一辈子的财富。南南，我相信在你的心中肯定已经有了答案，因为美丽与智慧常常会是并肩的，聪明的女孩一定会让自己变得越来越漂亮。

内涵——优雅的一种积淀

琪琪小区中的张老师简直可以称得上是一部"百科全书",尤其熟悉很多的科普知识,听说还在天文台办过青少年讲座呢。她几乎无所不知。琪琪和楼下邻居的小伙伴只要有什么不明白的问题,只要问她,一切便清清楚楚了。

不仅如此,张老师还精通绘画、雕塑、古典音乐……甚至还自己试着写过小说!

她看上去文质彬彬,虽然年逾花甲,但看上去依然精神炯炯,举手投足间有着一种独特的优雅气质。孩子们从来都不会觉得张老师和他们有代沟,反而都乐于接近她。因此,她是社区里孩子们争相崇拜的"明星"。

有一次,琪琪和妈妈在无意地闲聊中提起了张老师,琪琪说:"妈妈,您说张老师为什么这么了不起呢?她既有学识又很漂亮,我们都把她作为学习的榜样呢。"

妈妈回答说:"当然是因为她爱读书了。读书使她储藏了大量的知识,而这些知识积淀成为一种内涵,又使她变得既睿智又有气质。世界上很多由于成就的人大多是爱读书的人。"

琪琪说:"嗯,将来我要像张老师学习,成为一个有内涵的人,从里到外都不一样。"

妈妈接着说:"有内涵的人不仅仅是只有知识,还要懂礼貌、很优雅，内心也很美好。妈妈希望将来你能成为一个有内涵的女孩，好吗？"

说真的，琪琪也希望自己有一天也会像张老师那样受人爱戴。

家长寄语

琪琪，一个人如果没有丰富的内涵，再高超的技巧，也只会显得苍白无力。

撒上香水的塑料玫瑰永远不会吸引蜜蜂，假装出来的高雅外表同样得不到别人的真正尊敬。真正能打动人心的，是发自内心的真情实意。

古人说静若处子，说的就是女子的沉思状。沉思对于人的一生有十分重要的意义，一个懂得沉思的女孩一定是个智慧型的女孩。

养成勤于思考的良好习惯，对于深化一个人的思想，丰富一个人的内在涵养，从而提高其外在形象，有着重大作用。

一个人要想变得有智慧，只有一种方法，那就是经常思考。如果不通过思考，那些存在于不同知识之间的表面矛盾，就无法得到理解，即使读书万卷，也仍然看不懂生活本身的奥秘。

所以说，常读书，可以使自己丰富；常思考，可以使自己深刻。思考就像是知识的催化剂，可以使满脑子杂乱无章的信息融会成一个有机的整体。这个有机的知识整体经过长期的思考，会逐渐变成人的思维能力，这种能力就是洞察力、判断力及至解决困难的能力的基础。如果用一句话来加以概括，那么这种通过思考而获得的思维的能力就是智慧，所以有人说："智慧是知识的结晶。"

一个人的智慧，既不是靠钱买来的，也不是从书本里得到的，而是从生活中通过思考领悟得到的。智慧是一种能力，也是一种内在素养，就像我们在前面说到的，有之于内，必发之于外。一个人是否具有智慧，多多少少会反映在他的脸上。

有品位的女孩最美丽

"思思，最近你怎么变了个人似的，天天捧着书看，也不给我们讲穿着打扮了。到底看什么好书呢？"媛媛看思思最近变得一有空就捧着书本，有点不理解。

"打扮就那么点东西，我都讲完了。平时你们自己多多注意就好啦。"思思笑了笑，"从现在起，我要多花点时间阅读，成为一个外表美和内心美同时兼备的最美的人！"

"你说的就是让自己变得更有品位吧？"媛媛凑过脑袋，翻了翻思思手里的《美学史》，"早该这么做了……"

"你什么意思？话里有话啊？难道我以前没品位吗？"思思急了。

"别急啊。我是说'更'有品位，说明你以前还是有一定的品位的，只是还不够……"媛媛说着说着就觉得，自己怎么越解释越乱啊。

"总之，你看书吧，我支持你！更支持你的'最美说'！"媛媛一边说着，一遍挠后脑勺。

家长寄语

思思，对一个女生来说，穿得干净整洁是最基本的要求，如果懂得服饰仪容当然更好，不过最好的，还是有文化内涵，做一个由内而外的有品位的美女。也只有这样的女生，美丽才不会因为年龄而褪色，反而会因为智慧而越发让人觉得光彩亮丽。

做一个有品位的美女要修炼那些内功呢？

第一，要养成看书的习惯。无论什么时候，书都是最好的老师。

女孩到了二十几岁后，就已经开始慢慢地接触社会了，在与别人交往的过程中，谈吐与修养是最能征服别人的。你读过的每本书都可能成为社交的资本。书籍里常常暗藏着很大的乐趣。当遇到一本自己感兴趣的书时，你会发现心情是愉悦的。而且每本书也都有着很大的智慧。一个不喜欢看书的女孩，是不会充满智慧的。可以毫不夸张地说，没有人会喜欢与一个肤浅的女孩交往。

所以，没事的时候，到书店逛逛吧。认真地挑几本可以提升自己的书籍买回家阅读，不管是名著，还是理财的书，又或者是励志的书，都有值得我们学习的地方。

书，可以让人们的生活丰富，也可以让人们的思想改变。选择阅读一本好书，胜过跟随一名优秀的导师；选择一本合适的书，可以学到人生的哲理，学会以一种平和的心态去迎接生活里的痛苦或快乐。有时候，在人生迷茫时，选对了一本书，甚至可以改变你的人生轨迹。

第二，要有一双发现美的眼睛，一种感受生活中的美的心态。

女孩要学会远离那些灰暗的小说，因为它们只会让大家与悲伤越贴越近。很多时候，生活并不是小说里情节的翻版。

不要总是用心理暗示自己遇到的不幸。要知道在这个世界上，有着很多人比你还不幸，只要能够抬头看到阳光就是幸运的。那些生活里的挫折，比起一个人的人生它只不过是一个再小不过的插曲。

想在这个社会上立足，就要有平和的心态，在患得患失的人生里，我们时刻都在选择着，也被别人选择着，不管怎样，痛苦与快乐的生活都是我们自己的选择，所以，有什么理由要让自己沉溺在痛苦中呢？

不管做什么事情都先想着成功。并在这种一定会成功的积极心态下，乐观地、实在地去努力奋斗。因为悲观永远都是成功的阻碍，只有积极向上的情绪才有可能让生活变得美好。要相信明天一定比今天会好，不要报怨生活，因为抱怨有时候只是证明自己没有真正地去努力而已。

第三，跟有思想的优秀人交朋友。朋友在精不在多。

女孩应该有选择性地交朋友，尽管大家常说人脉非常的重要，那也不意味着你就需要广开人脉之源，要知道，交的朋友越多，你要应酬的事也相对越多，烦恼也随着越多。

其次，你选择什么样的朋友圈也会对你的人生有着很大的影响。如果你的朋友都是一些积极向上乐观的人，你也会被他们感染的，如果你的朋友一个一个都是悲观主义者，整天只知道报怨生活，却不会脚踏实地地学习，时间久了，你同样会被感染的。

但是，结交朋友时，你应该对她们付出真诚，不要只是为了想利用她们的优点们才与她们交往。因为没有人是傻子，你对别人好与不好，别人也都清楚得看得到。用自己的真诚与那些有思想的优秀人交朋友吧！

第四,学会忍耐与宽容。也许你说,我是公主,大家都应该宠着我。要知道,总有一天,你会面向社会,而社会并不是一个任性的地方。你的大小姐的脾气要迟早要吃亏。

因为可能有些时候就因为你的计较,会让你失去自尊,成为被人指责的没有教养的女生。也许你会觉得我为什么要忍耐,这是懦夫的行为。而事实是,忍耐并不是懦弱,也不是伤自尊,而是宽容美。有时候,我们需要放下理直气壮的坏脾气,在适当的时候让一步,这不仅可以体现出你的涵养,而且还会让你成为受人欢迎的女孩。

生活中总会遇到很多不公平的事情,也会遇到很多让你无法接受的人,我们不能总想着去改变别人。

所以,这时候,与其非常愤怒地大声指责别人的行为,不如怀着理解的心态给对方一个微笑,任何一个人都不会去伤害一个善良的人。声嘶力竭地与别人争论并不能赢得所谓的自尊,反而让你丢掉自尊。

第五,重视自己的身体。女孩不仅要学会调节自己的心态,也要好好保护自己的身体。身体是最重要的,相信每个人都知道,但是在真的做起来时,并不是一件简单的事情。在饮食方面要多多注意,多看一些关于健康饮食的书。

任何一个女孩,千万不要为了这样或那样的理由,比如盲目减肥,不照顾自己的身体健康。不管明天有多么美好,你总是一副病态,估计也不会感觉到。《红楼梦》里就算贾宝玉再怎么爱林黛玉,那个瘦弱多病的林妹妹估计享受幸福人生的日子也不会长。没有健康的身体和足够的时间,还空谈什么幸福?

第六,远离泡沫偶像剧。女孩要特别提防那些虚假的偶像剧。

电视里的白马王子与灰姑娘都是生活里的男孩或女孩向往的,但是遗憾的是,它们并不是真实存在的,而往往是超越了生活的,女孩子如果一味地沉溺于这种造假的童话氛围里,时间久了可能会被幼稚化,觉得生活处处不美好。如果真有那么的空余时间,还不如多看一些能够帮助自己的节目呢。

要知道生活中,一夜暴富或是一夜之间一贫如洗或许会有,但不会像电视剧里播放的那些简单而直接。爱情和亲情也没有影片里的那样决绝与残忍。有些偶像剧会严重影响人们对社会的判断能力,所以,请远离泡沫偶像剧。相信一个优秀的女孩,应该不会花大把的时间沉溺在偶像剧里的。

最后,大家一定要多笑。就像很多人喜欢晴天一样,你的笑容就是晴天里的太阳,会带给人温暖和力量。

温柔是一种武器

这天,大家一起骑车出去游玩。"砰——"半路上,源源的车胎突然爆了,她看到在桥的对面有家修自行车的地方,但是看着近,却要绕过桥才能到达,大家只好停了下来想想办法。

"我们拦辆出租车,捎我们一路吧。"文文出个主意,"我去拦车。"

不一会,一辆出租车停了下来。

但是文文在价钱上和出租车司机产生了争执:"我们只是要

找一个附近修理自行车的地方,所以您不可以多找我们要。"文文很强势地要求司机。

"我们都是打表计费,起步价就是十块钱。你觉得不合适,就不要乘出租车,自己走着去算了。"出租车司机不甘示弱。

文文气不打一处来:"哼!出租车司机有的是,偏偏要找你吗?一点都不会做生意。"

就在这时,源源及时上前解围,很客气地对司机说:"叔叔,我们只是要绕过桥去修理自行车,如果要收十元钱的话确实有点贵了。您看便宜一点好吗?"

司机看看她,顿时消气了:"好吧,你给五块钱,我把你拉过去算了。"

文文看到源源三言两语就把事情搞定了,觉得很惊诧:"源源,你真是人见人爱、花见花开、车见车爆胎啊。"

大家一笑,高高兴兴地去修理车子,然后继续前行。

家长寄语

文文,你看,因为源源说话柔和,所以司机叔叔才愿意帮助她,对不对?

温柔是一种境界,是女孩别致的风情。

女人的温柔是民族遗风、文化修养、性格培养三者共同凝练所致。一个女人,善于在纷繁琐事忙忙碌碌中温柔,善于在轻松自由欢乐幸福中温柔,善于在柳暗花明时温柔,善于在负担和创造中温柔,更善于填补温柔、置换温柔,这些是走向"魅力女人"的不可轻视的艺术。

无论是一言一行、一颦一笑、一举手一投足……温柔的手会时时光顾。于人，温柔能折射出一个女孩的兴趣情调、品质修养，于社会，温柔能折射出一个社会的时代风尚、文明程度。

不说容貌体肤，单就可爱女孩的气质情致而论，那千种娇媚，万般风情，谁又能说得尽呢？

你尽可以潇洒、聪慧、干练、足智多谋，但有一点不能少，你必须温柔。女人存在的理由就是因为她具备男人所缺乏的温柔。

"温柔"这两个字很自然地和关心、同情、体贴、宽容、细语柔声联系着。温柔有一种无形的力量，能把一切愤怒、误解、仇恨、冤屈、报复融化掉。在温柔面前，那些吵闹吼叫、斤斤计较、强词夺理、得理不饶人，显得那么可笑可怜。

温柔是一场无风无雷的小雨，淋得你干枯的心灵舒展如春天的枝叶。

女人，最能打动人的就是温柔。温柔像一只纤纤细手，知冷知热，知轻知重。只这么一抚摸，受伤的灵魂就愈合了，昏睡的青春就醒来了，痛苦的呻吟就变成甜蜜幸福的鼾声了。

温柔是女人特有的武器，温柔有一种绵绵的诗意，女人把它缓缓地、轻轻地放射出来，飘到你的身旁，扩展、弥漫，将你围拢、包裹、熏醉，让你感受到一种放松、一种归属、一种美。所以，温柔，是属于女人的一种风情。

看一个女人善良不善良，就看她是不是温柔。人总是以善为本，可善良是看不见摸不着的，温柔不温柔是显而易见的。如果说善良是平静的湖泊，温柔就是从这湖上吹来的清风。

一个不温柔的女人根本谈不上善良，就算她有倾城倾国的美貌再加上一百条优点和一千种特长，也绝不是可爱的女人。

　　温柔是一块磁石，只要你进入它磁场之内，你就不知不觉被它吸引，想躲也躲不开。

　　温柔里面包含着深刻的东西，不是生硬地表演出来的，而是生命本体的一种自然散发。只有生长于生命内部的这种本性，才经得起考验，历久不衰，一直相伴到生命的终结。

　　温柔不是娇滴滴、嗲声嗲气，这里有真假之分。娇滴滴、嗲声嗲气是假惺惺，是故作姿态；而温柔是真性情，是骨子里生长出来的本能的东西。

　　温柔是人人都能感觉到的。一个女人站在面前，说上几句话，甚至不用说话，你就能感觉出这个女人是温柔还是不温柔。

　　如今，女性也已经承担重要的社会责任，与男性一分高下。不得不承认，作为群体，如今女性的温柔明显减少，多了些咄咄逼人。这种温柔的减少，多少有点不正常。调查显示，男性如今在家做饭洗衣的比例逐年上升，甚至不少男性学会了织毛衣，这种反差不能不说明一些问题。

　　很多女孩在谈到温柔时，会这样说，都什么时代了，还谈什么温柔？

　　应当指出，女性在追求独立人格的同时，也不应放弃温柔的一面，何况温柔与追求独立人格并不矛盾。温柔是美德、是理解、是关怀，只有懂得温柔的女孩，才会给人如沐春风的感觉。

　　温柔如风，可拂去心里的烦恼与忧愁；温柔似雨，可滋润心里的干渴与浮尘；温柔像虹，能映照自暴自弃之人重新扬帆的锦绣前程；

温柔也似利剑，剽悍粗犷的人会在这利剑前垂下高傲的头颅。温柔，最是女人本色。

礼仪就像是优雅的瑜伽

泉泉还记得有一次和妈妈一起去听音乐会，在她们的旁边坐着一位雍容典雅却丑陋不堪的老太太。

她气宇轩昂地坐在椅子上，仿佛是高贵的女王，但老人扶在椅子把上的左臂不停地抖动，从袖口伸出的则是一只干枯如同树皮的大手。无法否认的是，她打扮得极尽精致：发髻梳理得有条不紊，戴着两只银光闪动的大耳环，穿着光滑如水的裙子，连指甲都精心修剪过。

这么丑的一个人，却打扮成这样，乍一看还真有点像个老妖婆。

不过这个老婆婆脾气却很开朗，她表情愉悦地和泉泉谈话，虽然很丑，但是却很和善："我患有帕金森氏综合征，已经三年了。"

"啊！"泉泉和妈妈都很吃惊，这样一个身患绝症的病人，居然笑起来如此从容，更加难得的是她的彬彬有礼使得她看上去更加自然，完全不像是病人的样子。

不知为什么，对这个老婆婆，泉泉产生了一丝崇敬之情。

走出音乐厅，妈妈对我说："你看，这个老奶奶其实很坚强，她打扮不是为了自己，而是让别人感受到她对生活的信心。这是对别人的尊敬，也是一种礼仪，一种优雅。"

"嗯。"泉泉对妈妈说，"我将来也要对别人彬彬有礼，让别人都能感受到我的优雅。"

妈妈笑着点点头。

家长寄语

没有人愿意和毫无风度、不懂礼貌的人交往。如果不懂怎样和人交往，必将是孤立的。可以说，人际关系的好坏是决定人生成败的重要因素。所以，我们必须注重自身礼仪，随时随地给别人留下良好印象：说话有尺度，交往讲分寸，办事重策略，行为有节制，别人就很容易接纳你、帮助你、尊重你，满足你的愿望。

生活中，一些人能像磁石吸引铁屑一般，自然而然地吸引周围的人，做事则得心应手、顺心如意，这是因为他们拥有磁铁般富有吸引力的风度和个性。尽管看起来他们似乎没有那些不怎么成功的人努力，但机遇围绕着他们打转，朋友们称他们为"幸运儿"。如果我们进一步分析他们，会发现他们有着迷人的风度且彬彬有礼，这就是他们赢得人心的原因所在。

培养受人欢迎的风度是很有必要的，它能使成功的机遇倍增，能够发展人际关系，塑造良好形象。有什么方法可以帮助我们打造自己的翩翩风度呢？这里有很多小的细节，不妨将之变为自己的习惯，你会在不经意间成为一个有风度的人。

1. 懂得幽默。以轻松的心态处世，人生将充满光明，也会使与你接触的人受到感染。

2. 时常微笑。笑容会使你显得和蔼可亲、平易近人。

3. 注意你的声音。讲话的语调镇定、平稳的人最受人喜爱。

4. 刚见面时握手，谈话中找时机轻拍一下对方的肩，都是热情的表现。

5. 注意自己的身姿，抬头挺胸，让大家知道你充满自信。

6. 不要吝啬赞美的话，如果你对谁有好感，就该向他说出来。要对别人有兴趣，谁都觉得只关心自己的人很乏味。

7. 不要急于求成。懂得保持一定的距离，懂得适可而止，才更有吸引力。例如，参加聚会不做第一个到和第一个走的人，给朋友打电话不要不知道结束。

8. 兴趣广泛、关心时事，这样才有丰富的谈话资料。难以想象有谁对每天只知道上班、下班、吃饭、睡觉的人有兴趣。

9. 能相信别人。爱猜疑的人不会给人以温暖和关怀，而温暖和关怀是魅力不可或缺的要素。

10. 要有自己的原则。让人知道你也会生气，也会对某些事看不惯，不是一个"好好先生"。

其实，只要大家在生活中多留意，一定能发现很多可增加魅力的细节和方法。发现之后，试着将这些变成自己的优点，那么你离成功就不远了。

大文豪兼大哲学家伏尔泰曾经说过："美只愉悦眼睛，而气质的优雅使心灵入迷。"如果想让别人打心底里欣赏自己，就尝试着成为一个有气质、有风度的人吧！

女人味是什么味

丽丽近来看韩剧看多了,所以经常和同伴们谈论"女人味"的问题。

在丽丽的眼中什么样的才是女人味十足呢?

"头发一定是香的,这样的女孩才算有女人味。"

"如果只是头发香还不行,一定要用香水。让自己走到哪里都散发香的味道。"

"不穿高跟鞋,那还算是女人吗?女人味的浓淡和高跟鞋的鞋跟长度是成正比的。"

"这个年头,还有谁穿件衣服把脖子都包起来呢?适当地裸露一点,毕竟我的皮肤白皙而又富有弹性。"

大家都早已经习惯了丽丽的唠叨,只是不敢苟同她的观点,所谓的女人味,一定要有香味才算有味吗?

"丽丽要小心,香水不要抹多了,否则会让人感到刺鼻而不愉快。"有一个同学这么不长眼,竟说丽丽不喜欢听的话。

实际上,女人味,所指的不是香味,而是回味吧。

家长寄语

丽丽,所谓女人味,指的是一种人格、一种文化修养、一种品位、一种美好情趣的外在表现,当然更是一种内在的品质。简而言之,女人的味道就是女人的神韵和风采。有味道的女人,三分漂亮可增加到七分;没味道的女人,七分漂亮可降低到三分。没味道的女人,即使她有着如花的脸蛋、傲人的身材,但只要她一开口便足以暴露出她贫瘠的内心和空荡荡的精神。因此说,漂亮并不代表女人味。

做女人一定要有女人味,那样才能吸引众人的目光,尤其是来自异性赞赏的目光。最有资格评价女人的是男人,那么,在男人眼中,到底什么才是女人味呢?

1. 矜持

不管你是白领还是蓝领,也不管你待字闺中还是已为人妻,作为女人,永远不要大大咧咧、风风火火。要记住,凡事有度,矜持永远是女人的最高品位。

2. 智慧

外表漂亮的女人不一定有味,有味的女人却一定很美。因为她懂得"万绿丛中一点红,动人春色不需多"的规则,具有以少胜多的智慧;她懂得凭借一举一动、一言一语、一颦一笑的优势,尽现自己的至善至美。

3. 有度

再名贵的菜,它本身是没有味道的。譬如"石斑"和"鳜鱼",虽然很名贵,但在烹调的时候必须佐以姜葱才能出味。女人也是这样,妆要淡妆,话要少说,笑要微笑,爱要执着。无论在什么样的场合,都要好好地"烹饪"自己,使自己秀色可餐。

4. 品位

前卫不是女人味,切不要以为穿上件古怪的服装就有味了。当然这也是味,但却是"怪味"。

<<解决女孩的成长烦恼